MINISTÈRE DE L'INTÉRIEUR

EXPOSÉ

DE L'ÉTAT ACTUEL

DU SYSTÈME D'ÉDUCATION PÉNITENTIAIRE POUR LES MINEURS

(Loi du 5 août 1850.)

MONOGRAPHIES

DE

DIVERS ÉTABLISSEMENTS PUBLICS ET PRIVÉS

M. DUFLOS

Directeur de l'Administration pénitentiaire.

MELUN

IMPRIMERIE ADMINISTRATIVE

1901

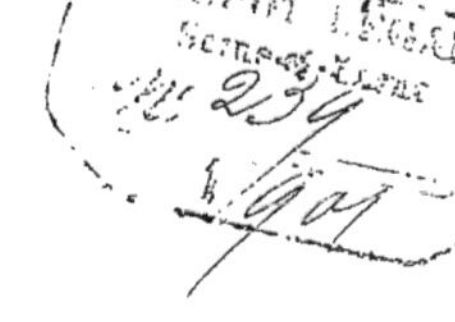

MINISTÈRE DE L'INTÉRIEUR

EXPOSÉ

DE L'ÉTAT ACTUEL

DU SYSTÈME D'ÉDUCATION PÉNITENTIAIRE POUR LES MINEURS

(Loi du 5 août 1850.)

MONOGRAPHIES

DE

DIVERS ÉTABLISSEMENTS PUBLICS ET PRIVÉS

M. DUFLOS

Directeur de l'Administration pénitentiaire.

MELUN

IMPRIMERIE ADMINISTRATIVE

1901

RAPPORT

PRÉSENTÉ

PAR L'ADMINISTRATION PÉNITENTIAIRE DE FRANCE

AU CONGRÈS INTERNATIONAL DE BRUXELLES (Août 1900).

Les *colonies* destinées aux jeunes détenus reçoivent les mineurs condamnés avant l'âge de 16 ans et ceux qui, considérés comme ayant agi sans discernement, sont acquittés mais envoyés en correction. Ces établissements se divisent en colonies publiques, c'est-à-dire dirigées et surveillées par des fonctionnaires et agents de l'État, et en colonies privées, fondées et gérées par des particuliers ou des associations libres, mais placées sous le contrôle de l'État.

Aux diverses époques, dans tous les pays, la législation a établi une différence entre la responsabilité pénale de l'adulte et celle de l'enfant.

Les principes du droit romain ont inspiré les législateurs modernes.

On a défini ainsi le discernement : « L'intelligence légale qu'un individu est censé avoir de la criminalité de l'action qu'il a commise ».

Le droit romain fixait à 10 ans 1/2 la limite de l'âge au-dessous duquel l'enfant est déclaré incapable d'avoir une volonté.

A 14 ans, les mineurs étaient considérés comme capables de discernement et pouvaient être condamnés, même à la peine capitale.

Sous le règne de saint Louis, les enfants étaient condamnés au fouet et à l'amende; au-dessus de 14 ans on ajoutait le fouet à la prison (Ordonnance de 1268) et aussi, suivant la nature et la gravité des crimes, l'exposition, qui consistait en une suspension sous les aisselles.

En 1545, sous François Ier, les châtiments corporels furent supprimés. Les enfants mendiants et vagabonds étaient internés dans les hôpitaux, où ils étaient instruits et moralisés. Ils en sortaient pour être placés chez des agriculteurs ou des artisans. (On trouve ainsi, dès cette époque, le système du placement individuel chez le particulier, système qui donne aujourd'hui de si bons résultats.)

En 1568, de nouvelles dispositions rigoureuses furent prises à l'égard des mineurs délinquants. Les garçons et les filles qui se livraient à la mendicité étaient internés sans limite de temps dans les établissements de Bicêtre et de la Salpêtrière. Le fouet était le moyen officiel de correction.

L'hôpital général servait de lieu de punition pour les enfants que les parents, les curateurs, le curé de la paroisse, signalaient comme irrespectueux, paresseux, enclins à la débauche.

Ils furent les premiers jeunes détenus par voie de correction paternelle. Mais ces moyens ayant été reconnus insuffisants à l'égard des jeunes gens de famille qui se conduisaient mal, on prit le parti de les déporter dans l'île de la Désirade (Antilles).

L'Assemblée constituante établit une législation plus humaine, plus conforme au progrès des mœurs.

Le décret des 25 septembre - 6 octobre 1791 remplaça les châtiments corporels par une éducation spéciale. Il posa la question de discernement et rendit les mineurs poursuivis pour crimes et délits justiciables de la juridiction correctionnelle.

Le Code pénal de 1810 a conservé ces dispositions libérales dans ses articles 66, 67 et 69, a aboli l'exposition publique, que le décret des 25 septembre et 6 octobre 1791 avait cru devoir conserver pour les mineurs que leur âge avait pu soustraire à la peine de mort.

Le décret des 19 et 22 juillet 1791 avait spécifié que les jeunes gens au-dessous de 21 ans, détenus par voie de correction paternelle, conformément aux articles 15, 16, 17 du décret du 16 août 1790, seraient enfermés dans une maison de correction.

Les articles 375 et suivants du Code civil actuel réglèrent l'exercice du droit de correction paternelle.

Dans un rapport adressé à la Convention nationale par un de ses membres les prisons étaient ainsi décrites :

« Des cloaques immondes, où femmes et enfants, hommes jeunes et vieux, tous les âges, toutes les conditions, l'innocence et le crime, étaient confondus dans un pêle-mêle monstrueux. »

La Convention, voulant mettre un terme à cette situation, décréta, le 26 frimaire an III, que tous les détenus de 16 ans et au-dessus, seraient mis à la disposition de la commission de marine pour être employés de la manière qu'elle jugerait le plus utile à la République. Ce décret fut très imparfaitement exécuté.

Sous le Directoire, le régime des prisons ne fut pas amélioré ; mais le gouvernement impérial réalisa le vœu de la loi.

La loi française pose en principe qu'avant l'âge de 16 ans le délinquant peut n'être pas responsable de ses actes. Le juge doit se demander s'il a agi ou non avec discernement.

De la réponse à cette question préjudicielle dépend la décision qui doit intervenir.

Rappelons d'abord les textes qui s'appliquent à cette catégorie spéciale de délinquants.

Code pénal. ART. 66 — Lorsque l'accusé aura moins de 16 ans, s'il est décidé qu'il a agi sans discernement, il sera acquitté, mais il sera, selon les circonstances, remis à ses parents ou conduit dans une maison de correction pour y être élevé et détenu pendant tel nombre d'années que le jugement déterminera et qui, toutefois, ne pourra excéder l'époque où il aura accompli sa vingtième année.

ART. 67. — S'il est décidé qu'il a agi avec discernement, les peines seront prononcées ainsi qu'il suit :

S'il a encouru la peine de mort, des travaux forcés à perpétuité, de la déportation, il sera condamné à la peine de dix à vingt ans d'emprisonnement dans une maison de correction.

S'il a encouru la peine des travaux forcés à temps, de la réclusion, il sera condamné à être enfermé dans une maison de correction pour un temps égal au tiers au moins, et à la moitié au plus, de celui pour lequel il aurait pu être condamné à l'une de ces peines.

Dans tous les cas, il pourra être mis, par l'arrêt ou le jugement, sous la surveillance de la haute police pendant cinq ans au moins et dix ans au plus (1).

---

(1) La peine de la surveillance de la haute police a été supprimée par la loi du 27 mai 1885. Elle est remplacée par la défense faite au condamné de paraître dans les lieux dont l'interdiction lui sera signifiée par le gouvernement avant sa libération.

S'il a encouru la peine de la dégradation civique ou du bannissement, il sera condamné à être enfermé d'un an à cinq ans dans une maison de correction.

Art. 68. — L'individu âgé de moins de 16 ans, qui n'aura pas de complices présents au-dessus de cet âge et qui sera prévenu de crimes autres que ceux que la loi punit de la peine de mort, de celle des travaux forcés à perpétuité, de la peine de la déportation ou de celle de la détention, sera jugé par les tribunaux correctionnels, qui se conformeront aux deux articles ci-dessus.

Art. 69. — Dans tous les cas où le mineur de 16 ans (c'est-à-dire ayant moins de 16 ans) n'aura commis qu'un simple délit, la peine qui sera prononcée contre lui ne pourra s'élever au-dessus de la moitié de celle à laquelle il aurait pu être condamné s'il avait eu 16 ans.

En dehors des mineurs qui ont commis de véritables infractions à la loi pénale, des délits ou des crimes, ceux qui ont donné à leurs pères, mères ou tuteurs de graves sujets de mécontentement peuvent être internés dans des établissements pénitentiaires.

Par mineurs il faut entendre ici, non seulement les individus âgés de moins de 16 ans, mais aussi ceux qui n'ont pas atteint l'âge de 21 ans, âge de la majorité civile.

Nous allons voir d'ailleurs que le droit de correction paternelle s'exerce différemment à l'égard des uns et des autres.

Code civil, titre IX, de la puissance paternelle.

Art. 375. — Le père qui aura des sujets de mécontentement très graves sur la conduite d'un enfant aura les moyens de correction suivants.

Art. 376. — Si l'enfant est âgé de moins de 16 ans commencés, le père pourra le faire détenir, pendant un temps qui ne pourra excéder un mois; et, à cet effet, le président du tribunal d'arrondissement devra, sur sa demande, délivrer l'ordre d'arrestation.

Art. 377. — Depuis l'âge de 16 ans commencés, jusqu'à la majorité ou l'émancipation, le père pourra requérir la détention de son enfant pendant six mois au plus; il s'adressera au président dudit tribunal, qui, après en avoir conféré avec le procureur de la République, délivrera l'ordre d'arrestation ou le refusera, et pourra, dans le premier cas, abréger le temps de la détention requis par le père.

Art. 378. — Il n'y aura, dans l'un et l'autre cas, aucune écriture ni formalité judiciaire, si ce n'est l'ordre même d'arrestation, dans lequel les motifs n'en seront pas énoncés. Le père sera seulement tenu de souscrire une soumission de payer tous les frais et de fournir les aliments convenables.

Art. 379. — Le père est toujours maître d'abréger la durée de la détention par lui ordonnée ou requise. — Si, après sa sortie, l'enfant tombe dans de nouveaux écarts, la détention pourra être de nouveau ordonnée de la manière prescrite aux articles précédents.

Art. 380. — Si le père est remarié, il sera tenu, pour faire détenir son enfant du premier lit, lors même qu'il serait âgé de moins de 16 ans, de se conformer à l'article 377.

Art. 381. — La mère survivante et non remariée ne pourra faire détenir un enfant qu'avec le concours des deux plus proches parents paternels, et par voie de réquisition, conformément à l'article 377.

Art. 382. — Lorsque l'enfant aura des biens personnels ou lorsqu'il exercera un état, sa détention ne pourra, même au-dessous de 16 ans, avoir lieu que par voie de réquisition, en la forme prescrite par l'article 377. L'enfant détenu pourra adresser un mémoire au procureur général près la cour d'appel. — Celui-ci se fera rendre compte par le procureur de la République près le tribunal de 1re instance, et fera son rapport au président de la cour d'appel, qui, après en avoir donné avis au père, et après avoir recueilli tous les renseignements, pourra révoquer ou modifier l'ordre délivré par le président du tribunal de 1re instance.

Art. 383. — Les articles 376, 377, 378 et 379 seront communs aux père et mère des enfants naturels légalement reconnus.

Art. 468. — Le tuteur qui aura des sujets de mécontentement graves sur la conduite du mineur pourra porter ses plaintes à un conseil de famille, et, s'il est autorisé par ce conseil, provoquer la réclusion du mineur, conformément à ce qui est statué à ce sujet, au titre de la puissance paternelle.

En 1808, fut décrétée l'organisation des maisons centrales, de manière à séparer les sexes et les catégories.

En 1817, des quartiers spéciaux furent affectés aux jeunes détenus dans les maisons centrales; mais les bâtiments des maisons départementales, trop exigus, ne permettant pas cette séparation, les enfants restèrent mêlés aux adultes.

Ce fut vers cette époque que se constitua la Société royale des prisons, qui organisa pour les jeunes détenus l'éducation morale et religieuse, combinée avec l'instruction professionnelle. Elle provoqua la formation de sociétés de charité, chargées de s'occuper des jeunes détenus à leur libération. C'est l'origine des institutions de patronage.

En 1830, le Gouvernement fit étudier un projet de construction, à Melun, d'un établissement central d'éducation correctionnelle; mais le Conseil d'État fit observer que cet établissement aurait de trop vastes proportions, que des maisons d'un effectif moins élevé étaient plus favorables à la moralisation des enfants.

Dès cette époque, la question des maisons mixtes, industrielles et agricoles, préoccupait les esprits ; on reconnaissait que le travail des champs, la vie au grand air étaient plus propices à la régénération morale et physique des enfants affaiblis par la misère et les vices précoces.

Le premier établissement privé pour les jeunes détenus fut fondé en 1827, à Paris, par l'abbé Auzoux. Il ne subsista que quelques années seulement. La récidive pour les jeunes gens sortis de cette maison n'aurait pas été, paraît-il, supérieure à 10 p. 100.

En 1832 eut lieu, à Paris, l'ouverture d'un quartier spécial aux Madelonnettes, et de l'établissement spécial de la Petite-Roquette. Cette même année, une circulaire ministérielle recommanda, pour les jeunes détenus, le placement en apprentissage chez des particuliers, revenant ainsi, à près de trois siècles de distance, à la pensée humanitaire de l'ordonnance de 1545.

Dans cette circulaire, le ministre s'exprimait ainsi : « Avant d'établir en règle générale ce qui n'avait été pratiqué jusqu'à présent que par exception, j'ai examiné, de concert avec M. le Garde des Sceaux, la question de légalité. Nous avons reconnu que l'*espèce de détention*, autorisée par l'article 66 du Code pénal et ordonnée par des jugements dont les premières dispositions prononcent l'acquittement des prévenus, *n'est point une peine et doit être considérée comme une mesure de police pour rectifier l'éducation* (arrêts de cassation du 21 juin 1811 et du 17 juillet 1812) ; *comme un moyen de discipline* (arrêt de cassation, 17 avril 1824), ou enfin comme un *supplément à la correction domestique* (arrêt de cassation du 16 août 1832). Il suit de là que le Gouvernement peut en faire cesser ou bien en atténuer les effets, sans recourir à la clémence royale, dont l'intervention n'est nécessaire que pour la remise des peines proprement dites. Rien ne s'oppose donc à ce que la surveillance et l'éducation des enfants soient réglées par mesure administrative. »

En 1839, trois établissements sont créés presque simultanément : 1° la maison d'éducation correctionnelle de Bordeaux, organisée par l'abbé Dupuech ; 2° la maison d'éducation correctionnelle créée par l'abbé Fissiaux ; 3° la colonie de Mettray, fondée par MM. Demetz et Bretignières de Courteilles, qui s'inspirèrent des etablissements similaires qu'ils avaient visités dans l'Amérique du

Nord. Ces créations firent entrer la question des jeunes détenus dans une nouvelle phase.

De nombreux établissements privés s'organisèrent en France.

En 1846, M. Lucas, inspecteur général des prisons, installa, avec ses capitaux, une colonie agricole au Val-d'Yèvre, près Bourges, établissement que l'État prit en location plus tard, et dont il devint propriétaire en 1872.

De son côté, l'Administration pénitentiaire organisait des quartiers spéciaux dans les dépendances des maisons centrales de Fontevrault (1842), Clairvaux (1843), Loos (1844), Gaillon (1845), avec travaux agricoles à l'extérieur.

La création des maisons et quartiers spéciaux pour les jeunes détenus inaugure définitivement le système d'éducation correctionnelle qui fut consacré par la loi du 5 août 1850.

Cette loi fixe pour la première fois depuis le Code de 1810 les établissements spéciaux dans lesquels seront enfermées les différentes catégories de jeunes délinquants.

Elle prescrit notamment que les mineurs des deux sexes doivent recevoir une éducation morale, religieuse et professionnelle (art. 1er); qu'un quartier distinct doit leur être affecté dans les maisons d'arrêt et de justice (art. 2); que les jeunes détenus acquittés en vertu de l'article 66 du Code pénal, comme ayant agi sans discernement, mais non remis à leurs parents, sont conduits dans une colonie pénitentiaire, où ils sont élevés en commun sous une discipline sévère et appliqués aux travaux de l'agriculture ainsi qu'aux principales industries qui s'y rattachent (art. 3); qu'il est établi une ou plusieurs colonies correctionnelles où sont conduits les jeunes détenus condamnés à plus de deux ans d'emprisonnement, ainsi que ceux qui, dans les colonies pénitentiaires, auront été déclarés insubordonnés (art. 10).

Le règlement du 11 novembre 1885 a établi, dans les articles 29, 30, 31, les règles applicables aux mineurs prévenus, accusés ou condamnés au-dessous de six mois, et à ceux détenus par voie de correction paternelle.

Le règlement du 10 avril 1869 a, dans son article 121, spécifié les mesures à prendre à l'égard des mineurs détenus par voie de correction paternelle.

D'après le décret du 11 novembre 1885, tout détenu âgé de moins de 16 ans doit être complètement séparé, le jour et la nuit, de tous les détenus adultes.

Cette règle s'applique également aux enfants jugés par application des articles 66, 67 et 69 du Code pénal, qui ne sont détenus que pour moins de six mois, et à ceux qui attendent leur transfèrement dans un établissement d'éducation correctionnelle.

Les mineurs enfermés par voie de correction paternelle, conformément aux articles 375 et suivants du Code civil, sont placés dans des quartiers spéciaux des maisons d'arrêt, de justice et de correction, et doivent également être maintenus à l'isolement de jour et de nuit.

Il est procédé, en ce qui concerne les frais de nourriture et d'entretien de ces mineurs, comme à l'égard des détenus pour dettes envers particuliers en matière de faillite.

Il n'est fait aucune mention sur les registres, états et écritures concernant la population détenue et les services de l'entreprise, de la présence à la prison des mineurs enfermés par voie de correction paternelle (art. 378 du Code civil).

Le gardien-chef justifie de la légalité de la détention en produisant l'ordre même d'arrestation, délivré ou renouvelé par le président du tribunal civil.

Au 31 décembre 1897, les prisons départementales contenaient une population de jeunes détenus ainsi répartie :

	Garçons.	Filles.	Total.
Correction paternelle	30	37	67
Prévenus mineurs en appel	149	32	181
Condamnés à six mois et au-dessous	14	3	17
Jugés attendant leur transfèrement	53	23	76

Au 31 décembre 1899, les établissements publics étaient au nombre de :

Garçons	8
Filles	1
Total	9

Les établissements privés, de :

Garçons	13
Filles	7
Total	20

Le règlement général du 10 avril 1869 a été jusqu'à ce jour appliqué. Toutefois, celles de ses dispositions qui concernent le régime disciplinaire ont été récemment modifiées.

Comme nous l'avons déjà dit en tête de cet exposé, l'idée de répression a fait place au principe plus humain de l'éducation, et les articles du règlement général (de 90 à 110), touchant le régime disciplinaire, ont été remplacés par les articles suivants, applicables, depuis le 15 juillet 1899, aux maisons d'éducation pénitentiaire tant publiques que privées.

RÉCOMPENSES

Art. 90. — Les récompenses autorisées sont les suivantes :

L'inscription au tableau d'honneur;
La table d'honneur, les repas offerts à certains groupes;
Le supplément de vivres;
Les bons points;
Les grades, galons, insignes divers;
Les emplois de confiance;
Les promenades spéciales;
L'éloge en particulier ou en public;
Les prix en argent ou en nature;
L'allocation de livrets de caisse d'épargne;
La distribution de jouets ou de menus objets;
L'admission dans un quartier spécial dit de récompense;
Le placement chez un particulier;
L'engagement dans les armées de terre et de mer;
La remise aux familles.

Il ne peut être fait usage d'autres récompenses que celles énumérées au présent article sans autorisation spéciale du ministre.

Art. 91. — L'*inscription au tableau d'honneur* est exclusivement réservée aux pupilles qui, dans le cours du trimestre, n'ont encouru aucune punition, de quelque nature qu'elle soit. Cette inscription spéciale donne droit au repas spécial dit « table d'honneur » et au port d'un galon ou d'un insigne.

Les pupilles inscrits au tableau d'honneur peuvent également bénéficier d'une gratification extraordinaire.

Les mesures de faveur leur sont, de préférence, attribuées.

Art. 92. — La *table d'honneur* ne comprend que les pupilles inscrits au « tableau d'honneur ».

Peuvent également prendre part à un *repas spécial*: les gradés, les pupilles qui auront obtenu le certificat d'études primaires, le diplôme de greffeur, une médaille dans les concours agricoles ou musicaux, etc.

Des *repas de groupes* ont également lieu aux époques de l'année fixées par les usages locaux pour les pupilles employés aux ateliers, aux travaux des champs, les musiciens, etc.

Les *suppléments de vivres* peuvent être individuels ou collectifs.

Art. 93. — Les *bons points* sont de deux sortes: 1° les bons points accordés pour le travail qui ont une valeur en numéraire dont le produit sert à constituer au pupille un petit avoir, qui lui est remis, partie à sa libération et partie à sa majorité légale ou à sa libération du service militaire, ainsi qu'il est dit à l'article 97; 2° les bons points accordés à titre d'encouragement et donnant droit à l'allocation de menus objets, jouets, vivres supplémentaires, ainsi qu'au rachat de certaines punitions.

Art. 94. — Les *grades* ont surtout pour but de faciliter les exercices militaires et gymnastiques et les divers mouvements prescrits dans l'intérêt du bon ordre et de la régularité des services.

Les *grades* et les *emplois de confiance* ne confèrent aucune autorité disciplinaire sur les autres pupilles.

Les *grades*, les *emplois de confiance, galons, insignes divers*, peuvent donner droit à l'allocation de gratifications spéciales en nature ou en numéraire.

Art. 95. — Les *placements chez des particuliers*, les *engagements dans l'armée*, les *remises aux familles*, n'ont lieu qu'en vertu d'une décision du ministre, après avis du directeur et du préfet.

Le contrat de louage des pupilles placés doit stipuler que les gratifications en numéraire accordées par le patron, à titre de don, en exécution des clauses dudit contrat seront déposées à la Caisse nationale d'épargne, d'où elles ne pourront être retirées qu'aux époques fixées par l'article 97. Toutefois, le contrat peut spécifier qu'une partie des sommes dont il s'agit servira à l'entretien du pupille.

Art. 96. — L'*admission dans le quartier de récompense* est prononcée par le ministre, après rapport du directeur de l'établissement et avis du préfet.

Le régime de ce quartier fera l'objet de dispositions spéciales.

Art. 97. — Les sommes accordées dans la maison aux pupilles, à titre de gratification, en récompense de leur travail ou de leur bonne conduite, sont inscrites au compte de chaque enfant. Si, à la fin de l'année, l'avoir est supérieur à 20 francs, le surplus est versé à la Caisse nationale d'épargne, sous la condition expresse que le remboursement n'en pourra avoir lieu qu'à la libération du service militaire ou, si le pupille n'a pas contracté un engagement dans l'armée, à l'époque de sa majorité légale.

Les titulaires de livrets ne peuvent obtenir de paiements avant les époques susmentionnées qu'avec l'autorisation du ministre ou, selon les cas, du président de la « Société de protection des engagés volontaires élevés sous la tutelle administrative. »

Art. 98. — Tous les ans, à l'occasion de la Fête nationale, et un mois au moins avant cette solennité, les chefs d'établissement adressent au ministre, par l'intermédiaire du préfet, la liste des pupilles auxquels il y a lieu d'accorder leur sortie anticipée.

D'autres libérations provisoires peuvent, en outre, être accordées dans le cours de l'année, après avis des chefs d'établissement.

PUNITIONS

Art. 99. — Il est expressément interdit de frapper les pupilles ou d'exercer sur eux aucune autre voie de fait.

Art. 100. — Les seules punitions autorisées sont:

La privation des récompenses générales et l'annulation des récompenses individuelles (radiation du tableau d'honneur, perte des galons, des emplois de confiance, etc.);

La privation de récréation;

La privation de visite (seulement dans des cas très exceptionnels);

Le piquet pendant la récréation;

La marche en rang pendant la récréation;

Les corvées;

Les mauvais points;

La réprimande;

L'isolement pendant le repas;

Le lit de camp (1);

Le pain sec;

Le pain sec de rigueur;

Le peloton de discipline;

La cellule de punition;

L'envoi à la colonie correctionnelle.

L'usage des menottes est interdit à titre de punition. Il ne peut en être fait emploi que dans les cas déterminés par l'article 614 du Code d'instruction criminelle.

Le cas d'évasion peut entraîner la perte partielle ou totale des gratifications. Dans ce cas, il est statué par le ministre, sur la proposition du directeur et après avis du préfet.

La réparation du dommage matériel peut être imputée sur l'avoir du pupille.

Art. 101. — Les *mauvais points* peuvent venir en annulation des bons points accordés à titre d'encouragement.

Les règles actuellement suivies dans les maisons d'éducation pénitentiaire publiques pour la constitution de l'avoir des pupilles sont applicables dans les maisons d'éducation pénitentiaire privées, au moins dans leurs parties essentielles. Il en sera de même dans les modifications qu'il paraîtrait utile de faire subir à ces règles dans la suite.

---

(1) Seulement pour les pupilles âgés de plus de 15 ans.

Art. 102. — Les enfants punis d'*isolement pendant le repas* mangent au réfectoire aux mêmes heures que les autres pupilles, mais à une table à part.

Les punitions de *pain sec* et de *pain sec de rigueur* se subissent de la manière suivante :

Pain sec: les enfants reçoivent la soupe le matin, le pain sec à midi, la pitance le soir;

Pain sec de rigueur: les enfants reçoivent la soupe le matin, le pain sec à midi et la soupe le soir ; — ou la soupe le matin, le pain sec à midi et le soir.

La punition de pain sec non plus que celle de pain sec de rigueur ne sont jamais appliquées deux jours consécutifs. Si la punition est de plusieurs jours, les vivres ordinaires sont, dans tous les cas, donnés tous les deux jours. Si la punition doit dépasser sept jours (c'est-à-dire une période de quatorze jours), le médecin doit être consulté sur le point de savoir si la punition peut être prolongée sans que la santé du pupille en soit compromise; le tout, bien entendu, sauf les observations qui peuvent être faites par le médecin, dans des cas spéciaux.

Les punitions de pain sec sont surtout infligées pour refus de travail.

Art. 103. — Les enfants mis au *peloton de discipline* sont placés, le soir, dans un dortoir spécial. Ils sont occupés dans la journée aux corvées de l'établissement, forment des escouades distinctes pour les travaux des champs et, pendant les récréations, ne sont pas mêlés aux autres pupilles. Ils prennent leurs repas dans une salle spéciale.

La punition de peloton de discipline peut être prononcée et appliquée, suivant la gravité des fautes commises, avec vivres complets, pain sec ou pain sec de rigueur et avec couchage ordinaire ou lit de camp.

Art. 104. — La mise en *cellule de punition* n'est prononcée que pour les fautes les plus graves. Quand la durée doit dépasser quinze jours, il en est aussitôt rendu compte au préfet, ainsi qu'au ministre, dont l'approbation est alors nécessaire.

Aucune cellule ne peut servir de lieu de punition avant que le ministre n'ait fait constater son état de salubrité et déterminé l'emplacement, les dimensions et l'aménagement intérieur.

Art. 105. — Les pupilles mis à l'isolement par mesure de précaution et ceux qui sont placés en cellule de punition sont astreints au travail.

Ils sont l'objet d'une surveillance continuelle et doivent être visités: tous les jours par l'instituteur-chef ou l'instituteur délégué et par le surveillant-chef ; — une fois au moins par semaine par l'instituteur ou le contremaître qui a provoqué la punition ; — deux fois au moins par semaine par le directeur et l'aumônier.

Le médecin doit également visiter les pupilles en cellule au moins deux fois par semaine, sauf aux membres du personnel administratif à réclamer son intervention chaque fois qu'à la suite des visites périodiques ci-dessus prescrites, l'état de santé des pupilles aura donné lieu à des remarques particulières. En cas de maladie pouvant être traitée en cellule, ils sont visités, s'il y a lieu, par lui tous les jours.

Un registre constate les visites des fonctionnaires et employés et reçoit leurs observations. Il est soumis au visa journalier du directeur.

La surveillance de jour et de nuit est assurée sans interruption par un ou plusieurs agents, sans préjudice des rondes de nuit faites par les surveillants de service.

Les enfants punis de cellule sortent au moins une heure chaque jour pour faire une marche ou promenade.

La punition de cellule est, suivant les cas, prononcée avec vivres complets, pain sec ou pain sec de rigueur et avec couchage ordinaire ou lit de camp.

Art. 106. — Les enfants punis reçoivent, comme les autres, le pain à discrétion.

Des dispositions doivent, toutefois, être prises en vue d'en empêcher le gaspillage.

Art. 107. — Les jeunes garçons reconnus incorrigibles sont dirigés sur une *colonie correctionnelle* pour y être soumis à un régime répressif.

Cette punition ne peut être infligée que par le ministre, sur l'avis du conseil de surveillance et celui du préfet.

Toutefois, sur la proposition du directeur de l'établissement, il peut être sursis au transfèrement dans la colonie correctionnelle. Dans ce cas, le pupille est soumis au régime cellulaire pendant un laps de temps déterminé, à l'expiration duquel il est replacé au milieu des autres pupilles.

Les pupilles reconnus coupables d'actes qui, par leur gravité, échapperaient à l'action disciplinaire de l'établissement, seront déférés à la justice. Sauf le cas de crime, l'autorisation préalable du ministre sera nécessaire.

Art. 108. — Le chef de l'établissement inflige seul les punitions.

Il peut, néanmoins, autoriser l'instituteur à infliger, pendant les heures de classe, les punitions suivantes spéciales à l'école : le piquet debout pendant la classe et l'expulsion momentanée.

Le directeur a seul la faculté d'abréger la durée des punitions ou d'en suspendre les effets.

Sauf les exceptions indiquées au § 2 du présent article, les punitions sont prononcées par le directeur assisté de l'instituteur-chef, d'un instituteur ordinaire et du surveillant-chef ou seulement de l'un d'eux.

Les enfants signalés comparaissent individuellement et sont autorisés à présenter leurs explications après lecture du rapport contenant l'exposé des faits.

Il est tenu un registre des punitions et des faits qui les auront motivés. Les mêmes mentions sont inscrites sur un bulletin spécial classé au dossier de chaque enfant et conforme au modèle annexé au présent règlement.

Art. 109. — Lorsqu'un pupille vient à s'échapper de l'établissement où il est enfermé ou à quitter le patron chez lequel il a été placé, le chef de l'établissement doit en aviser immédiatement, par télégramme, le procureur de la République près le tribunal de l'arrondissement et les brigades de gendarmerie environnantes et, par rapport spécial, le préfet et le ministre. Chacune de ces communications est accompagnée du signalement du pupille.

Tout enfant, à moins qu'il n'en soit décidé autrement par le ministre, est ramené dans l'établissement d'où il a cherché à s'enfuir.

Les frais de cette réintégration et la prime de capture sont à la charge dudit établissement.

Le montant de la prime est fixé à 15 francs. Toutefois, ce chiffre peut être réduit par décision ministérielle dans certains cas tels qu'arrestations collectives, retours volontaires, etc.

Art. 110. — L'usage du tabac, sous toutes ses formes, est expressément interdit aux pupilles.

Ce règlement a été adopté par le ministre de l'Intérieur sur l'avis d'une commission extraparlementaire composée de sénateurs et de députés (parmi lesquels ceux qui avaient été, dans ces dernières années, rapporteurs du budget pénitentiaire), de magistrats, de fonctionnaires de l'Administration, et enfin de personnes ayant étudié tout spécialement les questions relatives aux jeunes délinquants.

Cette même commission a formulé les vœux suivants, qui seront de la part de l'Administration supérieure l'objet d'un examen très attentif :

« Il y a lieu de maintenir au moins trois types d'établissements :

« L'école de réforme, la colonie pénitentiaire, la colonie correctionnelle.

« La commission est d'avis que l'on pourrait placer d'emblée certaines catégories d'enfants dans les écoles de réforme.

« Un quartier d'observation sera annexé à chaque colonie pénitentiaire ; les enfants au-dessus de 12 ans y seront d'abord envoyés.

« Les *colonies pénitentiaires*, créées par la loi de 1850, prendront le titre de maisons d'éducation pénitentiaire.

« La commission émet le vœu qu'une entente s'établisse entre le ministère de l'Intérieur et celui de la Justice pour que l'enfant sortant des mains de la justice soit accompagné d'une *notice* donnant des renseignements sur l'état physique et moral de l'enfant, sur ses antécédents, et autant que possible sur ceux de ses parents.

« Il y a lieu de maintenir des établissements pour les enfants jugés avant 12 ans.

« Il ne sera pas envoyé d'enfants âgés de plus de 12 ans dans les écoles de réforme du type actuel.

« Il y a lieu d'adopter, pour les écoles de réforme, un régime différent de celui des autres établissements et plus favorables que ce dernier.

« Il y a lieu de créer des écoles spéciales ou des quartiers spéciaux où serait appliqué le régime favorable des écoles de réforme et où seraient admis, à titre de récompense, les enfants qui se conduiraient particulièrement bien dans les maisons d'éducation pénitentiaire.

« Dans chaque maison d'éducation pénitentiaire, le jeune détenu sera, à son arrivée, mis en observation pendant un certain temps. Cette observation aura lieu dans des conditions telles qu'aucun contact ne puisse se produire pendant cette période entre les nouveaux arrivés et la population de l'établissement.

« Les dortoirs doivent être installés de façon à réaliser l'isolement pendant la nuit. »

La loi de 1850, en instituant les colonies pénitentiaires et les colonies correctionnelles, n'a imposé aucun programme.

Elle n'a pas enfermé l'Administration dans des règles fixes et immuables, en spécifiant ce que seraient ces établissements en tant qu'organisation matérielle et composition de l'effectif.

Aussi, l'Administration a-t-elle pu progressivement déterminer l'affectation des colonies et établir des divisions dans les catégories mêmes fixées par la loi.

On ne saurait taire les améliorations qui ont été apportées dans tous les services qui touchent à l'enfance coupable, surtout depuis quelques années. L'Administration s'est efforcée de faire prédominer, dans les établissements d'éducation correctionnelle, l'idée de protection, de réforme morale, sur celle de répression.

C'est dans ce but que l'on a fait du personnel des colonies surtout un personnel enseignant.

Le nombre des instituteurs a été triplé depuis quelques années, et, à part l'économe et son adjoint, le teneur de livres, tous les employés des services administratifs sont des instituteurs placés sous les ordres d'un directeur.

C'est là une réforme dont les résultats sont des plus appréciables.

Avant 1876, la colonie pénitentiaire renfermait des enfants de tout âge. Ceux au-dessous de 12 ans formaient seulement une section spéciale appelée *petit-quartier* surveillée pas les sœurs des prisons. Cette pensée d'isolement des petits était bonne; mais dans bien des circonstances de la vie en commun, ils prenaient contact avec les moyens et les grands.

L'Administration s'émut de cette situation, et elle autorisa la création, à Saint-Éloi près Limoges, d'une maison spéciale, à laquelle elle donna le nom d'*école de réforme*.

Les enfants au-dessous de 12 ans y furent seuls placés.

En 1877, l'exemple fut suivi par les sœurs de la Providence de Ribeauvillé, qui furent autorisées à créer une seconde *école de réforme* pour la même catégorie d'enfants à Frasne-le-Château (Haute-Saône).

Ces trois colonies sont des établissements privés.

La même pensée a inspiré l'organisation par l'État de l'école de réforme de Saint-Hilaire (Vienne).

D'après la dernière statistique de 1897, l'effectif des établissements pénitentiaires de jeunes détenus au 31 décembre était le suivant :

Établissements	publics	2.361 garçons.
—	privés	2.337 —
		1.016 filles.

Ces mineurs étaient répartis dans les différentes maisons, dont la nomenclature se trouve aux pages suivantes.

Nous croyons devoir décrire d'une façon aussi complète que possible quelques-uns de ces établissements, à cause des particularités qu'ils présentent, soit qu'ils constituent des types particuliers de colonies pénitentiaires, soit qu'ils comprennent des sections spéciales différant de l'ensemble au point de vue de l'organisation, de la nature du travail imposé aux pupilles, et même dans une certaine mesure, de la discipline.

Nous étudierons ainsi successivement :

1° L'école de réforme de Saint-Hilaire (Vienne) ;
2° La colonie agricole et maritime de Belle-Ile-en-Mer (Morbihan) ;

3° La colonie agricole et industrielle d'Aniane (Hérault);

4° La colonie privée de Mettray (Indre-et-Loire);

5° L'école de réforme de Saint-Joseph à Frasnes-le-Château (Haute-Saône) — privée;

6° La colonie privée de Sainte-Foy (Dordogne) — culte protestant;

7° La colonie correctionnelle d'Eysses (Lot-et-Garonne);

8° Le refuge du Hazey — annexé à la colonie des Douaires (Eure);

9° L'école de préservation et le quartier correctionnel de Doullens (Somme) — établissement public affecté aux filles;

10° Atelier-refuge de Rouen (filles) — privé;

11° Maison pénitentiaire de Sainte-Odile à Bavilliers (territoire de Belfort) — privée.

TABLEAU

TABLEAU des établissements publics et privés affectés à l'éducation correctionnelle des mineurs de 16 ans.

GARÇONS

NUMÉROS D'ORDRE	DÉNOMINATION DES ÉTABLISSEMENTS d'éducation correctionnelle.	LOCALITÉS où ils sont situés.	Date de la fondation.	FONDATEURS	NATURE DES TRAVAUX auxquels sont appliqués les jeunes détenus. OBSERVATIONS
	Établissements publics.				
1	Aniane....................	Commune d'Aniane (Hérault).	1885		Industriels et agricoles.
2	Auberive.................	Commune d'Auberive (Haute-Marne).	1897		
3	Belle-Ile-en-Mer.........	Canton du Palais (Morbihan).	1880		Agricoles, maritimes et industriels.
4	Les Douaires............	Communes de Gaillon, de St-Aubin et St-Julien-de-la-Liègue. Canton de Gaillon (Eure).	1847	L'État.	Industriels, agricoles et horticoles.
5	Saint-Hilaire............	Commune de Roiffé. Canton des Trois-Moutiers (Vienne).	1860		Industriels et agricoles. — École de réforme. — Ne reçoit depuis quelques années que des enfants âgés de moins de 12 ans.
6	Saint-Maurice...........	Commune de la Motte-Beuvron (Loir-et-Cher). Domaine provenant de l'ancienne liste civile impériale.	1872		
7	Val d'Yèvre.............	Communes de St-Germain-du-Puits, d'Osmoy et de Moulins-sur-Yèvre. Canton de Baugy (Cher).	1846	M. Ch. Lucas, membre de l'Institut, ancien inspecteur général des prisons. Transformée en colonie publique en 1872.	Industriels et agricoles.
8	Eysses..................	Commune de Villeneuve-sur-Lot (Lot-et-Garonne).	1895	L'État.	Colonie correctionnelle. Industriels et agricoles.

NUMÉROS D'ORDRE	DÉNOMINATION DES ÉTABLISSEMENTS d'éducation correctionnelle.	LOCALITÉS où ils sont situés.	Date de la fondation.	FONDATEURS	NATURE DES TRAVAUX auxquels sont appliqués les jeunes détenus. OBSERVATIONS
	Établissements privés.				
1	Bar-sur-Aube	Commune de Bar-sur-Aube (Aube).	1862	M. Brisson.	Travaux viticoles.
2	Bologne	Commune de Bologne (Haute-Marne).	1879	M. Sommelet.	Industriels.
3	La Couronne	La Couronne (Charente).	1897	M. Bellefaye.	Horticoles.
4	La Loge	Commune de Baugy (Cher).	1852	M. de la Mardière.	Agricoles et horticoles.
5	Le Luc	Commune de Campestre. Canton d'Alzon (Gard).	1855	M. le marquis de Luc.	
6	Mettray	Commune de Mettray. Canton de Tours-Nord (Indre-et-Loire).	1840	MM. Demetz, ancien conseiller à la cour impériale de Paris, et le vicomte de Brétignières de Courteilles.	Travaux agricoles, horticoles et industries.
7	École Lepeletier de Saint-Fargeau	Montesson (Seine-et-Oise), à 20 km. de Paris.	1895	Créée par le département de la Seine.	École professionnelle. Jardinage et industriels.
8	Saint-Éloi	(Haute-Vienne).	1876	Communauté.	Cet établissement a été constitué sous le titre d'*école de réforme* et reçoit les enfants âgés de moins de 12 ans.
9	Sainte-Foy	Commune de Port-Sainte-Foy. Canton de Velines (Dordogne).	1842	Le vice-amiral Vérhuel et la Société des intérêts généraux du protestantisme français.	Travaux agricoles et horticoles. (Ne reçoit que les pupilles du culte protestant.)
10	Saint-Ilan	Commune de Langueux. Canton de Saint-Brieuc (Côtes-du-Nord).	1843	M. Achille Duclesieux.	Travaux agricoles.
11	Saint-Joseph	(Haute-Saône).	1877	Communauté.	Travaux agricoles. — École de réforme. — Ne reçoit que des enfants âgés de moins de 12 ans.
12	Société de patronage des jeunes détenus et des jeunes libérés de la Seine.	9, rue de Mézières (VIe arrondissement), Paris.	1833	MM. Moreau, Christophe, Charles Lucas et Bérenger.	Travaux principalement industriels (industries de Paris) et accessoirement travaux agricoles.

FILLES

NUMÉROS D'ORDRE	DÉNOMINATION DES ÉTABLISSEMENTS d'éducation correctionnelle.	LOCALITÉS où ils sont situés.	Date de la fondation.	FONDATEURS	NATURE DES TRAVAUX auxquels sont appliquées les jeunes détenues OBSERVATIONS
	Établissement public.				
1	Doullens..................	Commune de Doullens (Somme).	1892	L'État.	Maison spéciale pour les jeunes filles. — A cet établissement est annexé un quartier correctionnel où sont placées les jeunes filles insubordonnées.
	Établissements privés.				
1	Institution des diaconesses..................	Rue de Reuilly (Paris).	1874		Pour les jeunes filles appartenant au culte protestant.
2	Maison de refuge israélite.	Neuilly sur-Seine (Seine).	1873	Dames israélites.	Pour les jeunes filles appartenant au culte israélite.
3	Asile Sainte-Madeleine...	Limoges (Haute-Vienne).	1849	M. l'abbé Féret.	Travaux industriels et accessoires. (Reçoit les jeunes filles en état de grossesse ou atteintes de maladies spéciales.
4	Atelier-refuge de Rouen..	Commune de Darnétal près Rouen (Seine-Inférieure).	1849	Sœur Marie-Ernestine.	Travaux industriels et travaux agricoles.
5	Bavilliers	(Haut-Rhin).	1871		
6	Montpellier. Solitude de Nazareth	Commune de Montpellier (Hérault).	1842	M. l'abbé Coural.	
7	Sainte-Anne d'Auray.....	(Morbihan).	1871		

Établissements publics.

École de réforme de Saint-Hilaire (Vienne).

En 1894, un des éminents rapporteurs du budget pénitentiaire s'exprimait ainsi au sujet des écoles de réforme :

« L'Administration pénitentiaire a bien compris qu'il y avait dans la loi même une imperfection regrettable, et elle s'est efforcée d'y suppléer de son mieux dans la pratique par une classification dont on doit la féliciter, et par la formation de maisons distinctes pour la catégorie d'enfants la plus digne de pitié, la moins corrompue, la plus accessible aux bonnes influences et à l'amendement ».

Il rend hommage aux directrices des écoles de réforme et il dit :

« Il a été fondé, en outre, un établissement laïque et public du même genre par la transformation graduelle de la colonie de Saint-Hilaire (Vienne). Cet établissement, qui comprend trois fermes distantes les unes des autres, a paru offrir les conditions les meilleures pour l'organisation d'une école de réforme. Toutefois, en présence des difficultés rencontrées, il n'y a été procédé qu'avec prudence. Dès le commencement, en 1891, la ferme de Chanteloup fut exclusivement affectée aux enfants de moins de 12 ans. Des dispositions furent prises en vue d'empêcher tout contact avec les pupilles des autres fermes.

« Un instituteur et quelques femmes ou filles d'employés furent chargés de la surveillance et de l'éducation morale. Le 2 février 1891, l'école de réforme comptait 62 pupilles ; au 1er août de l'année suivante, l'effectif avait atteint le chiffre de 109.

« Les résultats furent excellents ; tous les enfants, à quelques exceptions près, se montrèrent soumis, laborieux, dociles, et l'Administration fut ainsi encouragée à donner plus d'extension à l'école de réforme.

« Elle décida que les deux autres fermes de Bellevue et de Boulard seraient progressivement évacuées par les jeunes détenus les plus âgés, et qu'à l'avenir, la colonie de Saint-Hilaire serait exclusivement recrutée parmi les jeunes détenus de moins de 12 ans.

« Ce sont là des mesures de sage préservation dont il convient de féliciter l'Administration. »

Encouragée par les résultats, l'Administration a, après évacuation complète des grands garçons, transformé la colonie pénitentiaire de Saint-Hilaire en *école de réforme*.

Trois sélections bien distinctes furent établies : 1° la ferme de Chanteloup, qui reçoit les enfants venant du dehors ; 2° la ferme de Bellevue, où passent les enfants de Chanteloup lorsqu'en raison du degré de leur instruction primaire, de leur développement physique et de leur âge, il n'est plus possible de les y garder ; 3° la ferme de Boulard, qui reçoit le contingent de Bellevue, déjà grand, fort et instruit, et pouvant se livrer à tous les gros travaux des champs et aux travaux industriels.

Ferme de Chanteloup. — Le personnel enseignant et de surveillance se compose de :

1 institutrice-chef ;
2 institutrices ordinaires ;
1 première surveillante ;
5 surveillantes ordinaires ;
3 surveillants chargés du service extérieur ;
1 aumônier spécial.

Le médecin de Boulard visite tous les jours la ferme.

Ce personnel est nommé par le ministre et se trouve placé sous l'autorité du directeur de l'École, qui est à la ferme de Boulard.

L'institutrice-chef ne relève que du directeur.

Le service est divisé en deux parties : 1° service intérieur, 2° service extérieur.

Le service intérieur est assuré par l'institutrice-chef, les institutrices ordinaires, la première surveillante et les surveillantes.

Les trois institutrices assurent le service de l'enseignement pour tout l'effectif, variant de 100 à 110 élèves. Ceux-ci sont répartis en trois cours, chacun de deux divisions au moins.

Les programmes sont ceux des écoles primaires ; la répartition des matières est la même que dans l'instruction publique.

Il existe un cours de solfège et les enfants sont exercés à chanter. Ils se font entendre dans certaines cérémonies pendant les exercices, en promenade et à la messe.

En dehors de la classe, les institutrices concourent, avec les surveillantes, à tous les services et mouvements de la journée.

Elles remplacent en tout et partout la mère ; aussi l'enfant est-il heureux, en rentrant d'un travail extérieur, de trouver une sorte de foyer familial.

Les surveillantes sont choisies parmi les veuves de gardiens. Presque toutes mères de famille, ayant connu les malheurs et les luttes pour la vie, elles apportent un concours des plus précieux pour la réforme morale de ces petits malheureux.

La ferme, située sur un plateau, est entourée de bois ; l'air y est très pur et salubre. Les bâtiments sont bien aménagés ; partout de la verdure, des fleurs ; tout y est riant et gai. Un parc de 7 hectares entoure la maison ; un potager cultivé par les enfants fournit les légumes pour la jeune population et pour le personnel.

Le service extérieur est assuré par 2 surveillants ; ils ont la garde du bétail, la conduite des attelages.

Ils font les rondes extérieures en vue d'assurer la sécurité ; s'occupent de l'enseignement de la gymnastique, accompagnent les promenades du dimanche, enfin dirigent les travaux horticoles et agricoles.

L'effectif des petits enfants est divisé en 3 brigades. La première est chargée de l'entretien du parc ; la deuxième du jardinage et des fleurs ; la troisième est à la disposition du régisseur des cultures. Ce sont les grands.

Quelques enfants, les plus petits, sont occupés avec des surveillantes au service de propreté, à la cuisine, etc...

Le régime disciplinaire est approprié à la catégorie spéciale de pupilles âgés de moins de 12 ans que comprend cette ferme : le piquet, le retrait d'un grade, la radiation du tableau d'honneur, l'isolement de jour dans une chambre spéciale, lorsqu'il y a rébellion, chambre appelée *cabinet de réflexion*.

Les enfants mis à l'isolement reçoivent la nourriture ordinaire et couchent au dortoir.

A part l'isolement, toutes les autres punitions sont prononcées par l'institutrice-chef, avec obligation d'en rendre compte, par rapport journalier, au directeur.

Les récompenses accordées par le directeur sont :

1° L'inscription au tableau d'honneur ;
2° Le supplément de vivres ;
3° Des jouets et des friandises.

Par l'institutrice-chef :

Les bons points qui servent à racheter une punition ou à se procurer des jouets ;
Les emplois de confiance ;
L'éloge en particulier ou en public ;
Les grades, galons, croix, insignes.

Les récompenses honorifiques accordées tous les trimestres sont :

1° Le *drapeau d'honneur* à la section qui a eu le moins de punitions dans le trimestre ;

2° Le ruban bleu, rouge, vert ou tricolore, avec croix, pour récompenser le travail, soit à l'école, soit aux chantiers. Le plus méritant est nommé porte-drapeau.

Les caporaux, les sergents, reçoivent des galons, ainsi que les tambours et les clairons.

En dehors de ces récompenses, il y en a d'autres plus appréciées peut-être, parce qu'elles sont rares et de celles que l'on a désirées, convoitées étant au dehors.

D'abord, l'arbre de Noël, garni de jouets et de bonbons. La cérémonie est présidée par le directeur, assisté de tout le personnel. Puis, au 1er janvier, a lieu une distribution de bonbons.

A Pâques, des œufs coloriés.

Au 14 juillet, des jeux de toutes sortes et le feu d'artifice.

Le goûter champêtre dans les bois.

Et le jour de la fête du pays, les chevaux de bois, le cirque, etc.

Cette journée est une des meilleures, et fait le sujet des conversations pendant de longs jours.

Souvent les enfants arrivent malingres, chétifs, scrofuleux. Après un mois de séjour à Chanteloup, on ne les reconnaît plus.

La tâche dévolue au personnel est pénible. Mais les conseils, les avertissements, l'affection, sont efficaces sur beaucoup d'enfants. Et la cause en est qu'ils sont jeunes et que le mal n'a pas encore de trop profondes racines chez eux.

Les impressions ressenties à Chanteloup ne s'effacent pas, lorsque les enfants l'ont quitté. Ils restent soumis, travailleurs, affectueux, reconnaissants à l'égard de leurs chefs et de leurs surveillants.

Ferme de Bellevue. — Cette ferme reçoit les enfants de Chanteloup entre 12 et 13 ans. Les heures de classe sont moins nombreuses; le travail manuel devient plus sérieux, plus régulier.

Un instituteur, chef du détachement, demeure dans cette ferme. Il est placé sous l'autorité du directeur, auquel il rend compte tous les jours des incidents et faits.

Les enfants sont sous la surveillance et la direction de surveillants-contremaîtres et non plus d'un personnel féminin.

Le travail est agricole. Plusieurs enfants sont occupés à la bergerie, ainsi qu'au poulailler.

En cas de très mauvaise conduite, le coupable est conduit à la ferme de Boulard, distante de 2 kilomètres.

La ferme a une étendue de 71 hectares et les dortoirs contiennent 76 chambres individuelles. L'instituteur-chef visite tous les jours Bellevue. Le directeur s'y rend également de temps en temps.

Les punitions sont prononcées par le directeur, sauf le piquet et les privations de récréation, qui sont infligés par l'instituteur, chef du détachement.

Ferme de Boulard. — C'est dans cette ferme que sont centralisés les services administratifs et économiques de l'école de réforme. Le directeur, le personnel administratif et enseignant y demeurent.

La surface des terres cultivées est de 138 hectares.

Le recrutement de Boulard se fait par les enfants de Bellevue, qui y arrivent vers l'âge de 15 ans. Ils y séjournent jusqu'à leur départ, soit par libération provisoire, soit par libération définitive.

Deux grands dortoirs contiennent 284 chambres individuelles.

Le réfectoire est vaste, bien aéré; on y remarque, au centre, une plaque commémorative portant le nom des anciens pupilles morts pour la patrie; sur les côtés, le tableau d'honneur et la liste des enfants ayant obtenu le certificat d'études primaires. Au fond se trouve un théâtre: pendant l'hiver on y joue la comédie, on y chante, on y récite des monologues. La population des jeunes détenus y trouve un grand plaisir.

Les bâtiments sont bien aménagés; les écuries, les étables, la porcherie, sont très bien installées.

L'infirmerie se compose de deux grandes salles séparées, de trois chambres d'isolement, d'une salle de repos avec promenoir couvert, cour et jardin, d'une cuisine, d'une pharmacie, d'une salle de bains et d'une chambre affectée au surveillant-infirmier.

Ce surveillant est aidé dans son service par sa femme, qui a titre de lingère-infirmière.

Les appareils hydrothérapiques sont situés dans un autre local. Des bains-douches sont donnés à tous les enfants, à raison de deux par semaine l'été, et un l'hiver.

Une salle d'école sert de chapelle. L'aumônier vient y dire les offices tous les dimanches.

Les classes ont lieu tous les jours, pendant trois heures en moyenne. Elles sont dirigées par l'instituteur-chef, les instituteurs et les surveillants-moniteurs.

Les classes sont suspendues pendant les grands travaux agricoles.

La musique instrumentale est enseignée à Boulard par le surveillant-contremaître de musique. Cet enseignement ne vient entraver en rien l'apprentissage d'un métier manuel.

Dans cette ferme se forment réellement des ouvriers, soit agricoles, soit industriels. Les ateliers sont organisés de manière à satisfaire aux besoins de l'établissement et à assurer les services agricoles économiques et les réparations aux bâtiments.

Ces ateliers sont ceux de forgerons, maréchaux, taillandiers, charrons, menuisiers, maçons, peintres, cordonniers, boulangers.

A Boulard, le régime disciplinaire devient celui de la colonie d'éducation pénitentiaire ; il en est de même des récompenses.

C'est dans le contingent de Boulard que le directeur choisit les sujets pour le placement chez les particuliers. Ces derniers apprécient beaucoup les pupilles.

Le directeur peut constater chez les pupilles de Boulard les heureux effets de l'éducation qu'ils ont reçue à Chanteloup.

Colonie publique d'éducation pénitentiaire agricole et maritime de Belle-Ile-en-Mer (Morbihan).

En dehors des travaux agricoles, ce qui place à part cet établissement c'est l'apprentissage d'une partie des pupilles aux rudes travaux de la mer sur la goélette *Siréna*.

La section maritime comprend ordinairement de 90 à 100 enfants, pris dans la section agricole de la colonie pour combler, au fur et à mesure des besoins, les vides produits par les libérations et les engagements dans le service de la flotte.

La section maritime est pourvue en personnel et en matériel d'instruction, comme il convient pour donner l'enseignement théorique et professionnel et satisfaire aux exigences du service.

Personnel instructeur. — Le personnel affecté à l'enseignement naval comprend :

1° Un officier de la marine du commerce, chef de service. Ancien capitaine au long cours, il est chargé de tous les détails de l'instruction technique des pupilles, sous l'autorité immédiate du directeur de la colonie, dont il prend les instructions et à qui il rend compte journellement. Il dirige les leçons et les exercices pratiques des marins, veille à ce que le personnel instructeur s'acquitte exactement de ses devoirs. C'est lui qui préside aux exercices d'embarcations à la voile sur la rade de Belle-Ile ; il s'occupe des différents travaux professionnels, il contrôle la bonne tenue, la discipline, la conduite de l'effectif ; il surveille l'atelier de corderie dont il a la comptabilité, et il tient les divers registres de l'école.

2° Un ancien capitaine de cabotage, ayant rang de premier surveillant, qui seconde son chef et le supplée en cas d'absence ou d'empêchement. Il donne les ordres aux surveillants, fait faire les exercices de voile et de manœuvres à bord du navire fixe, commande les exercices en mer des canots à l'aviron. Il tient un journal de bord, où sont consignés les faits saillants de la journée. Il concourt pendant la nuit à la surveillance des dortoirs, et reçoit les ordres du surveillant-chef de la colonie pour tout ce qui n'est pas du service maritime.

3° Quatre surveillants-marins, tous anciens matelots brevetés du service; ceux-ci sont chargés du détail de l'instruction pratique, sous la direction du chef ou capitaine et de son second. Ils donnent aux recrues les premiers éléments de la profession maritime, leur montrent à travailler, et, à mesure que leur instruction progresse, les initient aux différents travaux professionnels. Ils commandent les embarcations comme patrons, donnent aux pupilles des leçons de nage à la rame et à la godille, les suivent dans tous les exercices pratiques et veillent à la discipline. Ils concourent également à la surveillance des dortoirs et au bon fonctionnement de la colonie.

4° Un surveillant-contremaître cordier conduit l'atelier de la corderie sous la surveillance spéciale du capitaine. Il leur enseigne à peigner, à filer, à mettre le chanvre en œuvre, et, avec leur aide, exécute toutes les commandes de cordages.

Les divers ateliers. — Le navire fixe. — Le matériel flottant. — Le matériel de pêche. — Les ateliers spéciaux ont été créés pour rendre plus profitable l'instruction pratique des pupilles et pour diviser les travaux et les leçons, de façon à éviter les occasions de dissipation produites souvent par une trop grande agglomération d'élèves dans un même local. Ils sont au nombre de quatre, savoir : l'école de matelotage et de timonerie, l'atelier de voilerie et de filets, l'atelier de garniture, et l'atelier de corderie. Tous sont pourvus d'outils, instruments et matières nécessaires à leur fonctionnement.

L'école de matelotage et de timonerie, où les pupilles reçoivent les premières notions du métier de marin, est une vaste salle pouvant recevoir et occuper tout l'effectif, lorsque les exercices extérieurs ne peuvent avoir lieu par suite de mauvais temps. Les armements des embarcations de la colonie y sont disposés, en bon ordre, ainsi que les fusils scolaires, et tous les objets d'enseignement professionnel, tels que cartes marines, tableaux des pavillons de nation et de signaux, boussole, rose des vents, instructions sur le balisage des côtes et sur les feux des navires, livres, manuels, navire modèle, petite voile dite parisienne, etc. L'école de matelotage sert de salle d'honneur. C'est là que les contremaîtres marins, aidés de moniteurs choisis, enseignent aux recrues à connaître les différentes parties d'un navire, coque, mâture, cordes diverses. C'est là qu'on leur apprend à faire les nœuds, tresses, sangles, épissures, amarrages, etc., en usage dans la marine; qu'on leur explique la boussole et les opérations de compas. C'est là qu'on les habitue à se tenir sur une vergue, à serrer une voile, et qu'on les familiarise, en un mot, avec les premiers éléments et les premiers mouvements du métier avant d'être admis aux exercices du navire fixe.

L'atelier de voilerie et de filets est installé dans l'école de matelotage, afin que la surveillance en soit plus facile. Ayant reçu des notions suffisantes de voilerie, les pupilles qui arrivent à bord des bâtiments des équipages de la flotte ou du commerce peuvent s'y rendre d'autant plus utiles que les matelots voiliers se font de plus en plus rares à cause de la transformation de la marine à voile en marine à vapeur. Une vingtaine d'élèves, pris parmi ceux dont l'époque de l'engagement ou de la libération approche, sont seuls admis dans cet atelier; mais leurs camarades y passent à leur tour, au fur et à mesure des vacances produites par les départs. Ils apprennent à faire et à réparer les filets, à coudre et à réparer une voile. Ils sont mis au courant de toutes les opérations usuelles, et bon nombre d'entre eux, une fois rendus à la vie libre, peuvent trouver des ressources pour vivre, grâce à ce premier apprentissage du métier de voilier.

L'atelier de garniture, dirigé par un surveillant-marin spécial, sert, comme son nom l'indique, à l'enseignement des différents travaux de confection, d'entretien et de réparation du gréement des navires. C'est là que les pupilles mettent plus particulièrement à profit les leçons reçues à l'école de matelotage, et qu'ils perfectionnent leur instruction. Ils apprennent à congréer, fouler et limander un cordage, à estroper les poulies, à faire les amarrages en usage dans la marine et autres besognes du véritable matelot. C'est là qu'ils réparent le gréement du navire fixe, mis en bas tous les ans dans la saison d'hiver, pour être ensuite remis en place, ce qui constitue pour eux la meilleure des leçons. C'est là encore qu'on fait subir aux pupilles, avant de les autoriser à s'engager, une sorte d'examen. Car il importe qu'ils soient en état, quand ils se présenteront à la division de Lorient, de passer l'examen analogue, pour l'admission à l'école des gabiers de Brest.

L'atelier de corderie est établi avec ses roues, ses tours, ses chevalets et autres engins de la profession, dans le grenier de l'un des corps de logis de l'établissement ayant environ 100 mètres de longueur. On y reçoit le chanvre à l'état brut, afin de faire passer les pupilles apprentis par les différentes opérations du métier de cordier, et de rendre la fabrication de l'atelier plus avantageuse pour l'État. Grâce aux efforts du contremaître compétent, la corderie livre à l'Administration pénitentiaire des produits qui ne craignent aucune comparaison avec ceux de l'industrie privée. Une deuxième corderie en plein air, organisée en 1894, permet de fabriquer des cordages de grosses et grandes dimensions.

Le navire fixe, de 25 mètres de longueur, construit dans la grande cour, mâté, gréé et voilé en trois-mâts franc, sert à former les pupilles aux exercices de voiles et de manœuvres.

Divisés en bordées comme sur les bâtiments de l'État, ils apprennent à larguer et à serrer les voiles, à prendre des ris, à dégréer les perroquets, dépasser les mâts supérieurs, envoyer les vergues en bas, et au besoin dégréer et démâter entièrement le navire avec les moyens du bord, et remettre tout en place. On leur fait exécuter les différentes manœuvres que les bâtiments à voiles font en rade et à la mer, appareillages, mouillages, virement de bord, mise en panne, diminution de voilure selon l'augmentation du vent, mise en cap. Bien qu'ils ne fassent que le simulacre de ces manœuvres, leur imagination et leur intelligence, aidées des explications des instructeurs, suppléent sans peine à ce que l'immobilité du bâtiment ne permet pas d'effectuer. D'ailleurs, durant les courses qu'ils font journellement en mer, dans les canots de la colonie, ils ont fréquemment les occasions désirables de voir exécuter les manœuvres en question par les navires à voiles.

Le matériel flottant affecté à l'instruction des pupilles se compose de 5 embarcations construites à Nantes et au Palais; 4 embarcations sont employées pour les exercices en mer, à l'aviron et à la voile, la pêche en rade; 2 sont spécialement affectées à la pêche de la sardine, l'une de 8 mètres et l'autre de 9 mètres, montées chacune par 8 pupilles et 1 surveillant-marin, et à la pratique de la nage à la godille. Le matériel de pêche est important et occasionnerait d'assez grandes dépenses à l'Administration, s'il n'était en grande partie confectionné par les pupilles. Sans parler des lignes de pêche et différents engins, cercles, bouées nécessaires pour la manœuvre des filets, etc., il comprend actuellement: 14 filets à sardine, 3 filets à rouget, 10 filets à maquereau, 1 grande seine et 3 grands tramails. Un surveillant, ou gardien-marin spécial, dirige les opérations à la mer d'après les ordres du capitaine, chef du service maritime.

Depuis 1893, les pupilles embarqués sur les canots ne sont plus inscrits maritimes; cette faveur est réservée uniquement à l'équipage de la *Siréna*.

L'industrie de la pêche, outre qu'elle permet de faire inscrire les pupilles sur les rôles de la marine du quartier de Belle-Ile, et par là de les proposer pour l'engagement à l'âge de 18 ans, fournit encore à l'alimentation de l'effectif entier de l'établissement des ressources qui ne sont pas à dédaigner. En 1899, on a pêché 4.667 kilogrammes de poissons divers, sur lesquels 3.695 kilogrammes de sardines; de ce chef 80 repas ont pu être donnés à l'ensemble de la population des pupilles.

Renseignements sur la goélette « Siréna ».

Le 8 novembre 1895, le ministre autorisa l'acquisition du yacht *Siréna*. Cette goélette est construite en teck et en chêne; elle jauge 25 tonneaux 39/100es. Les dimensions sont les suivantes :

Longueur de l'avant de l'étrave jusqu'à l'arrière de l'étambot : 23 m. 90.

Largeur : 4 m. 18.

Hauteur sous le pont : 2 m. 88.

Son tirant d'eau est de 3 m. 10 à l'arrière et de 2 m. 30 à l'avant.

Ce navire est confortablement aménagé pour recevoir l'équipage. Sur l'avant du mât de misaine est situé un logement avec accès direct sur le pont, où se trouvent les couchettes des pupilles formant la *bordée de bâbord*. Ces couchettes en fer avec fond en toile sont fixées sur la muraille du bateau ; elles se relèvent dans la journée.

Ce logement contient en outre la cabine d'un surveillant, la cuisine et enfin les caissons dans lesquels sont enfermés les sacs des pupilles. La partie du navire comprise entre les deux mâts contient l'office, le carré, dans lequel couchent les tribordois, et enfin la chambre du surveillant chargé de surveiller cette bordée. Les cabinets réservés à l'équipage se trouvent également dans cette partie du navire.

A la partie d'arrière se trouvent deux grandes chambres confortablement aménagées, l'une destinée au capitaine et l'autre inhabitée, dans laquelle sont renfermés les vêtements de grande tenue des pupilles. A l'extrémité du navire se trouvent les W.-C. et la soute à voiles et à filins.

Équipage. — L'équipage du navire *Siréna* se compose de :

1° 1 capitaine au long cours ;

2° 2 surveillants marins libres désignés sous le nom de maîtres ;

3° 20 pupilles.

Le capitaine est chargé de la direction du navire, de l'enseignement professionnel des pupilles et de la discipline.

Chaque fois qu'il doit prendre la mer, il avise le directeur de l'heure de son départ et lui fait connaître la direction probable qu'il compte suivre. Lorsque le navire rentre au port, il informe personnellement le directeur de son arrivée, et le met au courant par un extrait de son journal de bord des événements de toutes sortes qui se sont produits pendant le voyage.

Si un des pupilles a commis une faute grave, le capitaine adresse au directeur un rapport qui lui permet, après avoir entendu le coupable, de statuer sur la punition à infliger.

Néanmoins, le capitaine est autorisé à infliger au cours du voyage aux pupilles qui ont commis des fautes légères les punitions suivantes : pain sec, retranchement de rations, peloton, etc.

Ces punitions sont consignées sur un registre et transcrites à la fin du mois sur la statistique morale. Les pupilles subissent à la colonie les punitions infligées pour fautes graves.

Le dimanche, à 9 heures, le capitaine passe l'inspection de l'équipage, du matériel, du magasin aux vivres, et s'assure que le bâtiment est dans le plus grand état de propreté. Il fait distribuer une ration supplémentaire de vin aux pupilles qui par leur tenue, leur conduite et leur travail l'ont méritée.

Le directeur se rend fréquemment à bord lorsque le navire est au port pour s'assurer si les consignes concernant la surveillance, l'hygiène et la propreté sont rigoureusement observées. Il reçoit et donne suite aux réclamations fondées des enfants.

Surveillants ou maîtres. — A la mer, chaque surveillant commande et dirige la bordée qui lui est confiée; il veille au bon entretien des feux réglementaires, il s'assure que chaque pupille est à son poste, observe les recommandations et les ordres qui lui ont été donnés. Il veille également à ce que le pupille chargé de la barre suive bien la route donnée par le capitaine.

Le maître de quart prévient immédiatement le capitaine des changements qui peuvent survenir soit dans la force du vent, soit dans sa direction, ainsi que de tout événement de nature à modifier la route à donner.

Au port ou en rade, les maîtres font chacun un service bien distinct: le maître de tribord est chargé de la propreté du navire, de la conservation et de la distribution des vivres, des vêtements, et de la confection et réparation du matériel de pêche. Celui de bâbord s'occupe du service extérieur, qui comprend: le *briquage* du pont, le *fourbissage* des cuivres, la tenue du gréement et de la mâture, et du bon état de la voilure; il a également la surveillance du magasin à filins, à peintures et de la soute à voiles.

Pendant la nuit, les maîtres, à tour de rôle, sont chargés de faire des rondes fréquentes, ils s'assurent que les feux de cuisine sont éteints aux heures réglementaires, que rien de contraire à la discipline et aux bonnes mœurs ne se passe dans les logements occupés par les pupilles, et que l'homme de quart fait bonne garde.

Le capitaine est prévenu du moindre incident qui peut se produire.

Emploi du temps. — Service à terre. Du 1er avril au 1er octobre le *branle-bas* du matin a lieu à 5 heures; du 1er octobre au 1er avril, à 5 heures 1/2. Les pupilles s'habillent, battent leur couverture, serrent les hamacs et les ramassent dans les caissons à ce destinés; ils procèdent ensuite à leurs soins de propreté. Ces divers travaux doivent être terminés une demi-heure après le lever. Ensuite, lavage et briquage du pont.

A 7 heures 1/2, la bordée de quart déjeune, aussitôt après, chaque pupille se rend à son poste de nettoyage. Les travaux de propreté terminés, les pupilles se rendent à leur poste de manœuvre, les gabiers à leur mât respectif, visitent le gréement, qu'ils réparent s'il y a lieu; les autres pupilles s'occupent de la voilure, de l'entretien du matériel de pêche, etc.

De 11 heures à midi 30, l'équipage dîne par bordées, la durée du repas est d'une demi-heure.

A 1 heure, les pupilles assistent au cours qui leur est fait par le capitaine ou en cas d'empêchement par un des maîtres. Ces cours comprennent la théorie des manœuvres, les règlements sur les feux et les abordages, les divers systèmes de balisage employés sur le littoral de la France, les signaux du Code international, enfin, tout ce qui a trait à la timonerie. A 3 heures, l'équipage reprend ses travaux sur le pont jusqu'à 4 heures 30, heure à laquelle a lieu le souper. La bordée qui n'est pas de quart monte à la colonie pour assister à l'école et coucher dans l'établissement. Le maître de quart est chargé d'assurer le service journalier; il désigne les tours de garde, fait les rondes, et s'assure que les canots hissés sur les bossoirs sont bien cadenassés; que les précautions pour la sécurité du bateau sont bien prises. Le *branle-bas* du soir a lieu à 7 heures en hiver, à 8 heures en été. Le pupille chargé de la cuisine est exempt de quart.

Service à la mer. — Comme à terre, l'équipage est divisé en deux bordées, chaque maître dirige et surveille sa bordée; les quarts sont d'une durée de quatre heures. Si le départ du port a lieu un jour impair, c'est la bordée de tribord qui prend le service de nuit; elle veille de 8 heures du soir à minuit, se repose de minuit à 4 heures et reprend son service de 4 heures à 7 heures, heure à laquelle a lieu le *branle-bas* pour tout l'équipage. Si le départ a lieu un jour pair, c'est la bordée de bâbord qui assure le service comme il est indiqué plus haut.

De 11 heures du matin à 6 heures du soir, si le temps et l'état de la mer le permettent, tout l'équipage est présent sur le pont. Dans le cas contraire, les pupilles qui ne sont pas de quart descendent dans le carré, où ils étudient leur théorie de gabiers et de timoniers, ou assistent à l'école élémentaire qui se fait à bord.

Après le souper, qui a lieu par bordée, de 4 à 5 heures, le maître de quart fait éteindre les feux; allume les fanaux prescrits par les règlements, s'assure que le pupille de quart au bossoir fait bonne garde.

Chaque pupille tient à son tour la barre du gouvernail pendant une heure, il remplace ensuite au bossoir le pupille qui l'avait précédé à la barre.

Afin d'éviter les accidents, malheureusement si fréquents sur les navires pendant les manœuvres de nuit, la plus grande prudence est recommandée aux pupilles, principalement à ceux appelés à monter dans la mâture ou à aller sur le bout dehors; il leur est expressément défendu de s'asseoir sur les lisses, les bastingages et de s'appuyer sur les filières. Chaque fois que le degré d'instruction le permet, le capitaine enseigne aux pupilles à faire le point, à prendre la hauteur méridien du soleil, en un mot, tout ce qu'il est utile de savoir pour la conduite d'un navire.

Régime alimentaire. — Le régime à bord est à peu près le même que celui des pupilles de la colonie. Toutefois, la ration de viande accordée le mardi, le jeudi et le dimanche a été portée de 150 à 200 grammes.

Chaque enfant reçoit tous les jours après le lavage du pont 20 centilitres de café et 3 centilitres de rhum, et 25 centilitres de vin le jeudi et le dimanche.

Ces rations sont celles accordées aux novices et mousses de la marine de l'État.

ÉTAT numérique des pupilles engagés, placés et rendus à leurs familles.

(Colonie de Belle-Ile-en-Mer.)

ANNÉES	ARMÉE de TERRE	ARMÉE de MER	MARINE MARCHANDE	PLACÉS chez des PARTICULIERS	MIS EN liberté PROVISOIRE	TOTAL
1894....	15	16	3	11	12	57
1895....	11	16	4	2	13	46
1896....	13	10	»	18	7	48
1897....	11	10	1	23	9	54
1898....	4	22	2	22	10	60
1899....	7	13	7	30	9	66
TOTAUX..	61	87	17	106	60	331

Observations. — Les 87 pupilles engagés dans l'armée de mer ont été classés, après examen passé au 3e dépôt des équipages de la flotte, dans les spécialités suivantes :

1° 31 dans les gabiers; 2° 23 dans les fusiliers; 3° 9 dans les chauffeurs; 4° 9 dans les torpilleurs; 5° 5 dans les timoniers; 6° 4 dans les clairons; 7° 2 dans les élèves fourriers; 8° 2 dans les mécaniciens; 9° 1 dans les infirmiers et 1 dans les cuisiniers.

Pour les pupilles embarqués dans la marine marchande, 8 naviguent au cabotage, 6 au long cours, et 3 à bord des transports de la Compagnie transatlantique.

Observations générales. — Il a été fait récemment acquisition de 23 ceintures de sauvetage (système Robert), qui permettraient en cas d'abordage, ou si le navire venait à se mettre à la côte, d'attendre l'arrivée de secours.

Tous les pupilles embarqués doivent savoir nager; ils sont bons marins, bons pêcheurs. La vie active qu'ils mènent développe d'une façon extraordinaire leur constitution. Au point de vue moral, les résultats sont également excellents. Les punitions infligées sont très rares.

Du 15 juin au 30 septembre, la goélette fait la pêche au thon, pêche qui a lieu au début sur la côte d'Espagne, et vers la fin de la saison, de 80 à 100 milles au large de Belle-Ile. Ces sorties sont d'une durée d'environ huit jours.

Du 1er novembre au mois d'avril, elle fait la pêche au chalut.

La *Siréna* est utilisée également pour conduire à Lorient les pupilles qui s'engagent, soit dans l'armée de terre, soit dans l'armée de mer.

En résumé, les résultats obtenus depuis son acquisition sont des plus satisfaisants. Les pupilles embarqués acquièrent non seulement la qualité d'inscrits maritimes définitifs et ont ainsi la certitude d'être levés à 20 ans par la marine, mais aussi trouvent plus facilement des embarquements sur les navires de commerce, faisant la navigation au long cours, et quelques-uns, les plus intelligents et les mieux notés, sur les paquebots de la Compagnie générale transatlantique.

Colonie publique d'éducation pénitentiaire industrielle et agricole d'Aniane (Hérault).

A côté d'une ferme qui donne de bons résultats, des ateliers industriels fonctionnent dans cet établissement.

Les ouvriers de ces ateliers sont tous choisis parmi les pupilles d'origine urbaine ; ceux de la ferme parmi ceux d'origine rurale ; y sont employés aussi les enfants chétifs et les ouvriers dont la santé souffre d'un travail sédentaire.

Les résultats obtenus sont satisfaisants et justifient l'utilité de cette colonie industrielle que n'avait pas prévue la loi de 1850, mais qui s'imposait à la suite de constatations très regrettables dans les résultats de l'instruction professionnelle.

Les jeunes Parisiens et les enfants des grandes villes, au moment de leur libération, retournaient dans leur lieu d'origine sans avoir fait l'apprentissage d'un métier capable de leur procurer des moyens d'existence.

Les forgerons, ajusteurs, tourneurs, mécaniciens, les chaudronniers, trouvent un débouché dans les équipages de la flotte et les ateliers de l'artillerie ; 28 apprentis ont été admis à contracter un engagement dans ces corps en 1899.

Les tailleurs, les cordonniers, sont également très recherchés dans l'armée de terre.

Un grand nombre d'ouvriers ont été placés chez des artisans du pays pendant la durée de leur envoi en correction et au moment de leur libération.

Mécaniciens, forgerons, tourneurs, ajusteurs. — Les objets fabriqués sont:

Machines à percer, pompes diverses, foreries portatives, scarificateurs, charrues, rouleaux, bouchardes, cliquets à métaux, clés à mollettes, clés anglaises, tournevis, vilebrequins, tenailles, pinces, filières, fers à souder, règles (fer et acier), équerres (fer et acier), fausses équerres, compas divers, enclumes à battre les faux, soufflets de ferblantiers, presses en bois (vis fer ou bois), serre-joints en bois, tire-cercles, mains à tirer les cercles, masses à casser les pierres, massettes, bouchardes pour tailleurs de pierres, montures de scies à métaux.

Taillandiers. — Serpes diverses, cisailles à tondre les haies, haches diverses, cognées, serpettes à main, croissants à douille, fendoirs, écorchoirs, échardonnettes, hachettes de maçon, binettes diverses, douilles de binettes, demi-serfouettes diverses, serfouettes, fourches à bêcher, crocs à fumier ou à bêcher, bêches, pelles, houes, hoyau à deux branches, bidents, tridents, pioches, marteaux, truelles de maçon, bouterolles, rôtissoires, râteaux.

Ferblantiers. — Gamelles individuelles (soudées et agrafées), gobelets, cruches, brocs, seaux, bidons, pots de cantine, arrosoirs, entonnoirs, filtres à café, mesures diverses, burettes, cuvettes, bassines, bains de pieds, moules à fromages, passoires, écrémeuses, baignoires, lanternes d'écurie, godets, porte-bouteilles, mains d'épiciers, tuyaux de descente, chéneaux (zinc et fer blanc).

Menuisiers. — Tables, tableaux noirs, bureaux, chaises, armoires, cartonniers, bibliothèques, buffets, étagères, porte-manteaux, établis, tabourets.

Charrons. — Tarares, fardiers, triqueballes, charrettes, camions, charretons à bras, poulains auspects, brouettes, brouets, échelles, civières, manches de faux.

Chaudronniers. — Casserolles, plats divers, seaux en tôle, tonneaux, marmites en tôle et en cuivre, entonnoirs, récipients divers, tinettes mobiles.

Tailleurs. — Complets de drap pour libérés placés ou engagés, complets de velours, de coutil dits vêtements de travail pour les placés ou engagés, chemises de flanelle.

Cordonniers. — Grosses chaussures à l'usage des pupilles, chaussures plus fines sur commande à l'usage du personnel.

L'Administration ne vend aucun produit.

Tout ce qui sort des ateliers d'Aniane est expédié dans les autres colonies et établissements pénitentiaires.

La création de la colonie industrielle a permis de donner une instruction professionnelle très complète à un nombre assez élevé de pupilles, et de faire à l'État une économie très appréciable dans la dépense concernant les machines, instruments et objets mobiliers divers des établissements pénitentiaires.

Établissement privé.

Colonie de Mettray, près Tours (Indre-et-Loire).

Population. — La colonie de Mettray est un établissement privé. Elle reçoit les jeunes détenus jugés en vertu de l'article 66 du Code pénal, qui lui sont confiés par l'Administration pénitentiaire, en exécution de l'instruction ministérielle du 3 décembre 1832 et de la loi du 5 août 1850, pour leur donner l'instruction morale et religieuse, ainsi que l'enseignement primaire, pour leur apprendre *un métier et les accoutumer surtout aux travaux de l'agriculture.*

Elle reçoit, en outre, des enfants envoyés en correction paternelle, conformément aux articles 375 et suivants du Code civil.

Enfin elle possède un établissement spécial pour les enfants de cette dernière catégorie, qui appartiennent à des familles aisées. Cet établissement, qui s'appelle la *Maison paternelle*, est un véritable collège de répression, où les enfants vivent à l'état d'isolement le jour et la nuit, continuent leurs études et se préparent aux baccalauréats.

Dans la dernière période triennale la « *Maison paternelle* » a compté de nombreux admis ou admissibles aux divers baccalauréats.

Il n'y a pas de séparation effective pour les deux premières catégories. Elle est complète pour la troisième.

Il existe des cellules de punition et d'isolement.

L'effectif moyen de la population a été en 1899 :

Pour la 1re catégorie	325
— 2e —	99
— 3e —	26

Personnel. — Le personnel de la colonie comprend : le directeur, l'inspecteur, le greffier, le contrôleur, le garde-magasin général, le caissier et le surveillant général.

L'inspecteur, qui est instituteur, a autorité sur tout le personnel, la surveillance générale des classes, et supplée le directeur en cas de besoin.

Le contrôleur a la direction des services économiques et la surveillance de tous les ateliers.

Le surveillant général est chargé de tout ce qui concerne l'observation des règlements intérieurs de l'établissement.

Tous les membres du personnel portent, comme signe distinctif, en uniforme, la casquette à trois galons.

Les surveillants, appelés chefs de famille, sont chargés d'un groupe d'enfants appelé : famille. Ils ont la surveillance du dortoir dans lequel ils couchent, du réfectoire, des récréations, de l'habillement et de la tenue de leur groupe, etc.

Pendant les heures des travaux extérieurs, ils sont employés aux bureaux de la comptabilité ou du greffe, ou au service de la *Maison paternelle*.

Comme marque distinctive, ils portent la casquette à deux galons.

Tous les chefs d'atelier ou autres employés portent la casquette à un galon.

Enseignement scolaire. — Les enfants reçoivent à Mettray l'instruction primaire élémentaire en tous points semblable à celle qui est donnée dans les écoles primaires. Les plus intelligents sont conduits jusqu'au certificat d'études. Le nombre des enfants reçus à ces examens, en 1899, a été de 11 sur 12 présentés.

Un enseignement spécial ainsi que des notions de dessin pratique et de comptabilité sont donnés aux enfants déjà pourvus du certificat d'études.

Des cours de solfège et de musique instrumentale sont, en outre, organisés pour les enfants chez lesquels on a reconnu les aptitudes nécessaires.

La colonie possède une bibliothèque à l'usage des enfants, composée de 2.400 volumes.

Des examens généraux sont passés deux fois par an, en décembre et en juin, pour former les tableaux de mérite scolaire, délivrer les palmes à porter sur les manches de la tunique du dimanche, au premier de chaque classe.

Tous les colons qui arrivent à passer leur examen pour le certificat d'études reçoivent un livret de caisse d'épargne postale de 10 francs.

Régime disciplinaire. — Les récompenses et les punitions en usage à la colonie de Mettray sont celles prescrites par l'arrêté du 15 juillet 1899.

Récompenses spéciales. — Tout enfant qui n'a pas eu de punition de cellule ou de retenue a le galon de bonne conduite d'un an et peut, s'il continue, obtenir le galon de trois ans. A chaque galon est attachée une prime annuelle de 5 francs. Les postes de confiance comme frères aînés, moniteurs de gymnastique, peloton d'instruction, etc., donnent droit à des primes de 1 franc par mois.

Les palmes en or portées sur les manches sont données deux fois par an, à la suite d'examens généraux, aux premiers élèves de chaque classe.

Enfin, comme il est dit plus haut, un livret de caisse d'épargne de 10 francs est donné à tout pupille qui obtient son certificat d'études primaires.

Des personnes charitables ont mis quelquefois à la disposition de la colonie des sommes à distribuer, en livrets de caisse d'épargne, aux colons les plus méritants par leur travail et leur bonne conduite.

Toutes les semaines, il y a un concours entre toutes les familles. Celle qui a eu le moins de punitions dans la semaine a le drapeau d'honneur et prend la droite à la revue et à la promenade, et dans la semaine il lui est donné un repas de viande supplémentaire.

Les pupilles dont la conduite est bonne, qui ont acquis les connaissances professionnelles suffisantes et pour lesquels on a de sérieuses raisons de compter sur un réel amendement sont, sur la proposition du directeur, et avec l'agrément de l'Administration, soit rendus à leur famille, à titre de libération provisoire ou définitive, soit confiés à des particuliers sous le contrôle du patronage de la colonie. Ils peuvent également contracter des engagements dans l'armée ou dans la flotte avant le terme fixé pour leur libération.

Lors de la libération définitive le directeur s'efforce, quand les familles sont indignes, de placer les pupilles dans les environs de l'établissement, surtout à la campagne, où on craint moins de les voir retomber dans des milieux malsains. Mais quand, malgré les exhortations, ils persistent à retourner chez leurs parents où ils ne pourront recevoir que les plus déplorables exemples et les plus funestes conseils, l'administration locale se trouve absolument désarmée.

Le patronage s'étant exercé de tout temps à Mettray par l'établissement lui-même, et par ses agents, les placements sont faits par ses soins.

La grande partie des engagés volontaires est placée sous le patronage de la Société présidée par M. Voisin, conseiller à la Cour de cassation, dont le zèle aussi éclairé qu'infatigable contribue d'une façon si puissante à l'œuvre du relèvement de la jeunesse abandonnée ou coupable.

Organisation du travail. — Le travail s'exécute pour la plus grande partie pour le compte de l'établissement. L'atelier de cordonnerie, pour le dehors, a dû être supprimé par suite de la réduction excessive de l'effectif. L'atelier de brosserie travaille à peu près seul pour le compte des particuliers.

Les ateliers organisés, en dehors des travaux agricoles, des pépiniéristes et des maraîchers, sont ceux de cordonnerie, de brosserie, des tailleurs, des sabotiers, des charrons sur fer et sur bois, des serruriers, des maçons, des charpentiers-couvreurs, des ferblantiers, des maréchaux-ferrants, des menuisiers, des peintres et des boulangers.

La population est ainsi répartie:

Agriculteurs	253

Répartis dans les divers ateliers industriels:

Cordonniers	11	Serruriers	5
Tailleurs	18	Ferblantiers	7
Brossiers	25	Maçons	3
Charrons	8	Peintres	8
Sabotiers	7	Boulangers	4
Maréchaux-ferrants	5	Tonneliers	1
Charpentiers-couvreurs	6	Services divers	26
Menuisiers	5		

Il est difficile de donner une durée moyenne de l'apprentissage, à cause de la diversité des travaux, comme de l'aptitude et de la bonne volonté des sujets qui y sont employés. On peut cependant la fixer approximativement à trois ans.

Les produits fabriqués sont, en grande partie, consommés dans l'établissement. Un très petit nombre est vendu. La brosserie travaille pour le dehors.

La colonie n'a jamais eu à faire de cessions à d'autres établissements.

Les enfants reçoivent une gratification journalière qui est variable pour chacun d'eux. Ces sommes sont inscrites au pécule réserve. En outre ils reçoivent toutes les semaines un certain nombre de bons points ayant une valeur en argent qu'ils peuvent, soit verser à leur masse, soit conserver pour la cantine.

Pour les ateliers industriels où il est possible de fixer un minimum de tâche, les enfants voient leur avoir augmenté suivant le travail fourni au-dessus de ce minimum.

En cas de travaux faits pour le compte des particuliers, ce qui est devenu assez rare, la moitié de la gratification est portée à la masse de chaque pupille qui y a été employé.

Les malfaçons involontaires n'entraînent aucune répression, les malfaçons volontaires, ainsi que les dégâts commis intentionnellement, outre une peine disciplinaire, peuvent être imputés à leurs auteurs sur un état de prélèvement soumis tous les six mois à l'approbation ministérielle. Les sommes ainsi fixées sont portées au débit de la masse.

Tous les surveillants, contremaîtres ou chefs d'ateliers appartenant à l'établissement sont agréés par le préfet d'Indre-et-Loire. Ils sont rétribués par l'établissement.

Ils sont chargés de la police de leurs ateliers et, sauf les cas urgents, où ils peuvent envoyer directement un pupille au quartier de punition en rendant compte au directeur, ils se bornent à remettre au chef de famille une note des infractions commises chaque jour. Ce dernier les porte sur le registre de punitions de la famille, lequel est présenté au directeur pour prononcer les punitions en présence du pupille.

Toutes les sommes appartenant aux pupilles et versées à leur masse sont converties, au moment de la libération, en un livret de caisse d'épargne postale qui leur est envoyé dans les trois mois qui suivent leur départ.

Pour les engagés volontaires, admis au patronage de la Société présidée par M. Voisin, les livrets sont adressés à la Société.

D'après les mesures prises par l'Administration, le pupille ne peut rien toucher de son livret avant l'âge de 21 ans.

L'importance moyenne du pécule au moment de la sortie a été, pour l'année 1899, de 62 fr. 55.

Patronage.—La colonie de Mettray a toujours exercé un patronage sur ses pupilles. Non contente de leur trouver des patrons présentant toutes garanties de moralité, elle les suit, soit par ses agents quand les placements sont dans son voisinage, soit par la correspondance avec les enfants et avec les patrons. Enfin, dans beaucoup d'endroits éloignés, elle a recours à des curés, à des instituteurs, à des membres de la Société de Saint-Vincent-de-Paul ou à toute autre personne charitable qui veut bien servir de membre correspondant à la Société de patronage. Pour faciliter leur tâche, on leur adresse chaque année des imprimés qui, en même temps que l'adresse des patronnés, contiennent un certain nombre de questions en regard desquelles ils n'ont qu'à consigner leurs réponses.

Les engagés volontaires passent, comme nous l'avons dit, sous le patronage de la Société présidée par M. Voisin, mais sans que la colonie les perde de vue.

Beaucoup d'anciens colons sont restés en correspondance avec la maison, et ceux qui ont besoin d'aide ne manquent jamais d'y avoir recours, assurés qu'ils sont de recevoir un accueil bienveillant.

Les pupilles qui sont placés dans le département viennent voir de temps en temps la colonie, où ils trouvent toujours le couvert et souvent un petit secours en effets ou en chaussures. Ceux qui sont malades viennent se faire soigner à l'infirmerie.

Grâce au mouvement favorable qui s'est produit pour le développement des Sociétés de patronage, la ville de Tours vient d'en fonder une, à laquelle la colonie de Mettray a adhéré dans l'intérêt de ses pupilles.

En outre, la colonie de Mettray figure dans l'Union des Sociétés de patronage de France, et comme de nombreuses Sociétés se sont fondées depuis quelques années dans beaucoup de villes, la colonie a recours à elles pour ceux de ses élèves, colons libérés, qui retournent chez leurs parents. Le patronage est heureux de proclamer qu'il a toujours trouvé en elles le concours le plus empressé et le plus efficace et qu'elles lui rendent d'inappréciables services.

Établissement privé.

École de réforme de Saint-Joseph, Frasne-le-Chateau (Haute-Saône).

Population. — L'École de Saint-Joseph ne reçoit que les enfants au-dessous de 12 ans qui lui sont confiés par l'Administration pénitentiaire. Ils sont répartis en trois groupes : les grands, les moyens et les petits. Il existe dans l'établissement trois cellules de punition et deux cellules d'isolement.

L'effectif se monte à 377 élèves.

La durée de séjour est		
	Durée maxima	14 ans.
	Durée moyenne	7 —
	Durée minima	3 —

Le personnel se compose de:

1 directrice,
1 greffier-comptable,
1 commis aux écritures,
1 économe,
1 teneur de livres,
8 institutrices,
2 sœurs infirmières,
8 — à l'atelier de couture,
2 — jardinières,
4 — cuisinières,
2 — pour les lessives,
2 — — la basse-cour,
2 — — les écuries,
8 — surveillantes des travaux,
2 médecins,
1 aumônier catholique,
1 régisseur des cultures,
1 agent auxiliaire.

Les religieuses exercent les fonctions ci-dessus énoncées; aucune ne touche de traitement. L'aumônier, le médecin et le régisseur des cultures sont rétribués par l'établissement.

Le personnel est recruté à la maison mère.

Culte. — Un aumônier attaché à l'établissement est chargé du service religieux. Le dimanche et les jours de fête, l'office a lieu à 7 heures du matin; les enfants assistent au prône et à la grand' messe. Les chantres, sous la direction de la religieuse organiste, exécutent le répertoire du diocèse, plain-chant et l'un ou l'autre chant en musique.

A 2 heures du soir, il y a catéchisme et vêpres. Les lundi, mardi et le jeudi, catéchisme par M. l'aumônier aux enfants qui se préparent à la première communion, et le mercredi, catéchisme aux plus petits. Chaque année, une cinquantaine de pupilles font leur première communion et, tous les trois ans environ, Mgr l'archevêque de Besançon vient à l'établissement même administrer aux enfants le sacrement de confirmation.

Enseignement scolaire. — En toute saison, les enfants au-dessous de 11 à 13 ans ont six heures de classe par jour et deux heures d'études. Ils reçoivent le complément de l'instruction primaire. Chaque année, l'établissement en fait recevoir un certain nombre aux examens du certificat d'études.

La bibliothèque de l'École renferme des livres scientifiques, historiques et récréatifs. De plus, Mme l'inspectrice générale Dupuy a mis l'École en relation avec la Société bibliographique de M. le comte de Bizemont, qui lui envoie chaque année des livres scientifiques, historiques et récréatifs. Les livres sont mis à tour de rôle entre les mains des enfants; la distribution se fait le dimanche.

Tous les huit jours, le dimanche dans la matinée, la directrice fait une conférence d'environ trois quarts d'heure à tous les enfants de l'école réunis.

Les enfants reçoivent à l'école une bonne instruction primaire qui passe par divers degrés. Les enfants arrivent généralement illettrés. Ils sont répartis en quatre classes, la quatrième est la classe de l'enseignement élémentaire; elle renferme près de 100 élèves et compte deux divisions. La troisième est partagée également en deux divisions de 50 élèves chacune. La deuxième compte 38 élèves et enfin la première classe, qui compte 59 élèves.

La classe des adultes compte 45 élèves qui suivent un cours d'agriculture et auxquels on fait faire une revue des connaissances acquises.

Cette instruction est la même que celle qui est donnée dans les écoles primaires et on emploie les mêmes livres.

Les classes ont lieu de 8 à 11 heures 1/2, de 1 à 4 heures; de 5 à 7 heures du soir, il y a étude.

Régime disciplinaire. — Les punitions en vigueur dans l'établissement sont : la réprimande en particulier ou en public, la privation de récréation (piquet); la corvée ou travaux de propreté générale; la perte des grades, des galons, la discipline, consistant à marcher l'un derrière l'autre pendant la récréation; la cellule.

Toutes les punitions sont subordonnées à la décision de la directrice. Elles sont imposées pour des infractions au règlement, pour un manquement à la discipline, pour la paresse à l'étude et au travail, pour répliques, manières grossières, insoumission.

Les récompenses accordées à la bonne conduite et à l'application au travail sont : encouragement, jouets, emplois de confiance, envoi en commission, grades, admission à la fanfare, objets de distinction, croix d'honneur, récompenses pécuniaires, placement au patronage, tableau d'honneur, livret de caisse d'épargne, libération provisoire, engagement dans l'armée.

Services économiques. — Les valides ont une nourriture saine et abondante. Le matin, à 7 heures 1/2, une panade, à 11 heures 1/2, une soupe, légumes et pain; la viande leur est donnée le dimanche, mardi et jeudi; à 4 heures, pain et fruits, suivant la saison, et à 7 heures du soir, potage et légumes; tantôt salade, confiture ou fromage, etc... Un supplément de nourriture est donné aux travailleurs, qui ont de la viande et du vin tous les jours. On procure aux malades tous les aliments qu'exige leur état de santé; on suit en cela les ordonnances des médecins.

Il y a deux salles d'infirmerie, une grande salle qui n'est que très rarement occupée et une autre chambre moins vaste. Outre ces deux pièces, il y en a une troisième : la salle des visites; c'est là que se font tous les jours les pansements; c'est là aussi que le médecin donne ses consultations deux fois par semaine en temps normal.

Tous les malades sont soignés à l'infirmerie, sauf ceux dont le traitement exige l'envoi dans un hôpital pour y subir une opération, ou les épileptiques demandant des soins extraordinaires. Ces cas ne se présentent que très rarement dans cette École.

Généralement l'état sanitaire des pupilles est bon.

Le vestiaire des enfants est composé de :

6 chemises,
2 caleçons,
1 tricot,
1 gilet,
1 veste,
5 pantalons,
3 blouses,
5 paires de chaussettes,
6 mouchoirs de poche,
1 cravate,
1 béret,
1 chapeau,
1 paire de souliers,
1 paire de sabots,
4 essuie-mains.

Le lit de chaque enfant est composé de :

1 bois de lit,
1 paillasse,
1 petit matelas,
2 draps de lit,
1 couverture,
1 oreiller,
1 édredon.

Tous les enfants portent le même costume d'uniforme.

Les élèves ne reçoivent rien de leurs familles, sauf quelques bagatelles que certains parents envoient à leurs fils comme étrennes.

A la sortie, les pupilles reçoivent un trousseau ainsi composé :

5 chemises,
4 pantalons,
1 gilet,
1 tricot,
2 caleçons,
2 blouses,

1 veste,
6 mouchoirs de poche,
1 cravate,
1 casquette ou chapeau.
6 paires de chaussettes,
2 paires de souliers.

Organisation du travail. — Le travail est fait pour le compte de l'établissement.

Les industries exercées à l'École même sont : la menuiserie, la saboterie, la couture, le tricotage. L'agriculture tient le premier rang, ainsi que la boulangerie. La moyenne d'apprentissage est de deux ans. Tous les produits fabriqués sont consommés par l'établissement. Les enfants reçoivent des gratifications calculées selon le mérite, la bonne conduite et l'application au travail.

Avoir, formation et administration. — Au moment de sa sortie, le pupille ne touche qu'une partie de son avoir. Le reste, c'est-à-dire la plus forte partie, est versé à la Caisse nationale d'épargne. Il n'en peut toucher le montant avant sa majorité sans autorisation ministérielle préalable.

La moyenne de l'avoir à la sortie est de 140 francs.

Patronage. — L'établissement a une succursale à Saint-Claude-les-Besançon. C'est là que sont envoyés les pupilles les plus méritants, en âge de choisir un métier. Tous les jours ils vont en ville chez leurs patrons respectifs et reviennent au patronage pour les repas et pour la nuit.

Ils commencent leur apprentissage trois ans avant leur libération.

Le nombre des élèves placés au patronage comprend 50 à 60 sujets, qui sont placés sous la direction de 6 religieuses :

1 directrice,
1 économe,
1 cuisinière,
2 lingères,
1 jardinière.

Elles exercent aussi la surveillance au dortoir, visitent les élèves chez leurs patrons, continuent à leur donner les soins moraux et matériels dont ils ont besoin, tout comme à l'École.

Une commission de surveillance composée de trois membres s'occupe des pupilles et les suit également dans les ateliers des patrons.

Les métiers enseignés par les patrons sont; les jardiniers, serruriers, tailleurs, cordonniers, ferblantiers, menuisiers, ébénistes, peintres, tourneurs, etc.

Après un certain temps d'apprentissage, selon la conduite et les aptitudes des apprentis, il leur est accordé chaque semaine une gratification dont le montant est versé à leur nom à la Caisse d'épargne.

Un certain nombre de ces jeunes gens, à leur libération, restent chez leurs patrons, ils continuent à correspondre avec la directrice du patronage ou de l'École. Ils reviennent avec bonheur passer les jours de fête dans leur ancienne maison, où ils retrouvent l'affection bienveillante de leurs anciennes maîtresses. Ils donnent eux-mêmes à leurs camarades d'autrefois des conseils et des avis, les encouragent à les imiter pour arriver au même but.

Les placements directs chez les particuliers se font à l'expiration de la correction. Sont placés les enfants sans famille ou dont les parents indignes sont un danger pour le jeune homme.

Ils reçoivent un trousseau complet, et les gages qui leur sont donnés par le patron sont placés à la Caisse d'épargne, défalcation faite des dépenses d'entretien et de l'argent de poche.

Tous ces petits enfants, qui se montrent dès leur arrivée à l'École soumis et obéissants, trouvent auprès de leurs maîtresses un bien-être qu'ils ne connaissaient pas et des témoignages d'affection qui leur semblent extraordinaires.

Aussi ces dames usent peu de répression; il est facile de s'en convaincre par le nombre de punitions infligées en 1897, qui égalent 406 au total, avec une jeune population de 400 en moyenne, et sur le nombre il faut défalquer 198 réprimandes.

L'ascendant moral des maîtresses, leurs sages conseils, leur vigilance incessante, le but d'éducation morale qu'elles poursuivent, font plus que les punitions.

L'éducatrice est heureuse de n'avoir pas à sévir, et l'enfant, en retour, est heureux de témoigner sa reconnaissance par sa bonne conduite.

Les résultats vrais, indéniables, indiscutables, obtenus dans cette école de réforme comme dans les deux autres établissements similaires, prouvent que plus l'enfant coupable est confié jeune à la tutelle administrative, plus son redressement est facile et surtout durable (1).

Établissement privé.

(Culte Protestant)

Colonie de Sainte-Foy (Dordogne).

Population. — Cet établissement reçoit quatre catégories d'enfants :

1° des enfants jugés (art. 66 du Code pénal);
2° des enfants de l'Assistance publique;
3° des enfants abandonnés;
4° des enfants indisciplinés.

Il n'existe point de séparation entre ces diverses catégories. « Notre expérience, dit le directeur de la colonie, nous permet d'affirmer que tous ces enfants se valent au point de vue moral.

« L'enfant jugé est bien souvent la victime des mauvais milieux où il a été élevé, ou bien il a été abandonné, ou il a été poussé au mal, à commettre des délits, soit par les conseils donnés, soit par les funestes exemples placés sous ses yeux. Nous n'avons garde d'oublier l'influence des instincts pervers chez lui comme chez les enfants des autres catégories.

« L'enfant abandonné (nous parlons des enfants de 9 à 10 ans) a presque toujours été en contact avec de plus grands que lui. C'est dans l'ordre des choses. De tout jeunes attristent et effraient par leur savoir dans le mal, par ce qu'ils ont appris (surtout en immoralité) et ce qu'ils sont capables de faire. Une colonie seule, avec sa préoccupation constante de réprimer le mal et de le corriger, avec sa discipline et son système d'éducation, peut les ramener au bien en faisant pénétrer dans leur cœur la loi du travail et l'obligation de bien vivre.

(1) Lire des détails sur le patronage, pp. 15 et 16 : *De la condition des enfants sortant des maisons de correction*, M. Puibaraud, 1897.

« Quant aux enfants envoyés par les parents, il est aisé de comprendre que ceux-ci, désespérés soit par les instincts pervers manifestés, soit par les mauvaises habitudes contractées, à bout de ressources et sentant leur impuissance, s'adressent à un établissement correctionnel pour corriger, redresser le caractère et améliorer le cœur de leurs malheureux enfants.

« Les enfants de l'Assistance rentrent en général dans les deux dernières catégories.

« Il n'y a donc pas de différence à établir. Nous trouverions injuste même de parquer les enfants jugés, de les traiter comme des parias ou simplement comme de petits misérables, alors qu'ils ne sont pas plus coupables que les autres (c'est seulement l'occasion de se faire arrêter qui a manqué à ceux-ci). Nous y perdrions même un grand avantage. En les considérant comme des enfants valant les autres, nous les relevons à leurs propres yeux, nous éveillons ou nous fortifions en eux le sentiment de leur dignité, qui peut dormir, mais n'est jamais éteint.

« Il y a cependant une catégorisation que nous avons établie, qui nous paraît la plus normale et la plus morale ; elle est indispensable. C'est la catégorisation selon l'âge. »

Deux maisons sont affectées aux 130 enfants composant l'effectif de la colonie de Sainte-Foy :

1° L'asile maternel, situé à petite distance de la colonie, avec : deux dortoirs, 18 lits dans chacun, l'un pour les petits, l'autre pour ceux qui sont un peu grands. Ces deux asiles sont dirigés par une femme ; il faut qu'une influence maternelle soit exercée sur ces enfants.

2° La colonie, qui possède trois dortoirs : 1° le dortoir des petits, contenant 40 lits et ayant un préau séparé, une salle de classe spéciale ; les petits mangent à une heure différente de celle des grands ; 2° le dortoir des moyens, 32 lits ; 3° le dortoir des grands, 40 lits. Dans chacun d'eux couche un surveillant.

Les pupilles sont répartis entre ces maisons et dortoirs de la manière suivante :

De 8 à 12 ans	Asile maternel.
— 12 à 14 —	Petits de la colonie.
— 14 ou 15 à 16 ans	Moyens.
— 16 à 18 ou 19 —	Grands.

Personnel. — Le personnel se compose de :

1 directeur,
1 instituteur-chef (aussi contrôleur général)
1 maître des cultures,
1 directrice de l'asile maternel,
1 docteur,
1 infirmier,
1 infirmière,
2 instituteurs-adjoints,
1 pasteur protestant,
2 maîtres bouviers,
2 aides bouviers,
1 gardien-chef,
3 chefs de surveillance,
1 cocher,
8 chefs d'atelier (menuisier, tailleur, cordonnier, forgeron, tonnelier, brossier, boulanger, jardinier).

Grâce aux relations du directeur avec les pasteurs, il est aisé de recruter le personnel et de connaître la moralité des candidats, et s'ils sont assez bien qualifiés pour la tâche.

Il n'y a point de hiérarchie. Il y a peut-être en cela un avantage. On éloigne les jalousies ; on évite les froissements.

L'instituteur-chef est aussi surveillant-général inspecteur. Il a autorité sur tous les employés.

Les attributions sont les mêmes pour tous les employés, qu'ils soient chefs de troupe ou chefs d'atelier.

Il n'y a point d'école de surveillants. Si la chose est possible, le fils peut succéder au père, le gendre au beau-père. En ce qui concerne les pensions de retraite, le conseil de la colonie n'a encore pris aucune décision ; un projet est à l'étude.

Culte. — « Les fondateurs de la colonie, aussi bien que les administrateurs qui leur ont succédé, ont tous établi en principe qu'une maison correctionnelle comme celle-ci ne pouvait accomplir sa mission, exercer sur les enfants une réelle influence, qu'à la condition d'avoir la religion de l'Évangile comme auxiliaire indispensable dans son système d'éducation.

« Pour arriver à un bon résultat, il faut toucher le cœur et réveiller la conscience de ces enfants. L'affection peut beaucoup, nous l'avons mise à la base de nos règlements et de notre conduite ; l'Évangile, plus encore.

« Notre ambition ici est de voir naître et grandir les sentiments religieux dans tout ce qu'ils ont de libéral et de généreux. Nous les considérons comme la sauvegarde pour l'avenir, comme la grande puissance qui remue le cœur, pousse au devoir et montre en tous les hommes des frères qu'il faut aimer.

« Notre culte consiste surtout dans l'enseignement religieux, entremêlé du chant des cantiques et des prières.

« Le matin, petit culte, avant le travail.

« Le soir, avant de se coucher, chant, lecture de la parole de Dieu et méditation (le service toujours fait par le directeur, qui profite du moment pour pousser au repentir ou accorder des éloges).

« Le dimanche, culte le matin, à 11 heures. L'après-midi, courte instruction religieuse.

« Deux fois par semaine, jusqu'à Pâques, l'instruction religieuse aux catéchumènes.

« Nous faisons du chant un élément important de notre système d'éducation.

« Nous avons fait l'expérience de cette vérité formulée par Luther que *le chant chasse le diable.* Il purifie le cœur en faisant oublier les légères et trop souvent obscènes chansons apprises dans la rue ; il calme et rassérène l'imagination.

« Aux cantiques, nous ajoutons les chants populaires et patriotiques. Un professeur de chant donne trois fois par semaine des leçons. Des chœurs sont organisés, et nous avons la joie de constater que nos enfants chantent avec entrain et avec goût. »

Enseignement scolaire. — En vertu même du principe de séparation selon l'âge, il existe trois salles de classe à la colonie : la classe n° 1, où sont réunis les grands et les moyens à l'heure du soir ou les jours de pluie, alors qu'on ne peut rien faire au dehors ; la classe n° 2, un peu moins grande, pour les petits. L'asile maternel a sa

salle pour les leçons et l'étude et un matériel suffisant, cartes, tableaux, etc. Les tables pour écrire et travailler viennent d'être renouvelées.

Cours: deux classes par jour: classe du matin et classe du soir; chaque classe se compose de trois cours: moyen, élémentaire, préparatoire. 20 enfants par cours. Le cours moyen correspond au certificat d'études primaires.

Bibliothèque: trois armoires:

1° Bibliothèque des grands et moyens........	320	volumes.
2° — des petits de la colonie.........	205	—
3° — — de l'asile maternel....	175	—

Les livres sont prêtés et remis le dimanche. Un colon sérieux est le bibliothécaire. Les colons un peu blessés ou souffrants ont des livres à discrétion. Les leçons sont appropriées à l'âge des enfants.

Quelles sont ces leçons? A côté de celles qui instruisent: sciences, histoire, biographies, agriculture, etc... les ouvrages et romans édités par la Bibliothèque des familles, de Hachette, et les Bibliothèques Hetzel, Delagrave etc., Jules Verne, Erckmann-Chatrian, Mayne-Reid, G. Aimard, Lucien Biard, Hector Malot, etc., et d'autres de la Société de Toulouse.

Les prédications du dimanche, le culte du soir, sont comme autant de conférences; tout ce qui élève, moralise, excite le bon vouloir et le bien-faire, devient le sujet des entretiens. Quelques amis viennent de temps à autre, abordent certaines questions de la vie pratique. On emploie aussi l'enseignement par l'aspect, grâce à un appareil à projections, d'où des soirées très captivantes. Les vues sont prêtées par la Société du Havre, dont la colonie est membre, vues donnant lieu à des explications sur des scènes historiques, des pays, des villes, sur l'industrie, l'histoire naturelle, etc.

On s'efforce de pousser l'instruction des pupilles jusqu'au certificat d'études primaires et puis de les y maintenir. Cette bonne petite instruction peut très bien les aider comme ouvriers agriculteurs et peut leur permettre d'arriver au grade de sous-officier, lorsqu'ils s'engagent.

En 1899, 3 colons ont obtenu le certificat d'études. « Les pousser plus loin, non seulement ne nous paraît pas utile, mais presque funeste pour de telles natures. Une instruction trop développée excite l'imagination de ces garçons et peut en faire des déclassés dangereux. Nous avons essayé trois fois, nous l'avons regretté. »

Heures de classe. — Le matin, pour les petits, de 6 à 7 heures; de 9 heures à midi, avec étude, le soir, sous la direction d'un sous-maître.

Pour les grands et moyens, le matin, de 6 à 7 heures; le soir, l'hiver, de 5 à 7 heures 1/2, l'été, de 6 à 7 heures 1/2. Dans les grands travaux des fenaisons et des moissons la classe est en partie supprimée.

Les heures d'études du soir sont entrecoupées par des leçons de chant.

Les livres de classe dont on se sert sont les mêmes que ceux qui sont employés dans les écoles publiques.

Régime disciplinaire. — On applique l'arrêté ministériel du 15 juillet 1899.

Libération. — Sauf des cas très graves, on renvoie les enfants entre 18 et 19 ans. « En les gardant plus longtemps, on les irrite, on leur fait prendre en haine la maison. On perd ainsi tout le bénéfice du bien qu'on a pu leur faire. Il ne faut pas qu'ils croient à une spéculation de la part de la maison.

Si la famille n'offre aucune garantie de moralité, la colonie fait tous ses efforts pour empêcher le retour de l'enfant; mais souvent, c'est chose impossible.

Le placement chez des particuliers, présenté aux enfants âgés de 18 ans comme récompense, est excellent, à la condition cependant que le milieu où ils se rendent soit bien recommandable et qu'ils restent sous le contrôle du directeur.

Les enfants doivent être placés en exigeant des particuliers le versement d'une gratification déterminée, dont le montant est déposé à la Caisse d'épargne, au nom des enfants, après avoir défalqué les dépenses de lingerie et de vêtements. La colonie n'a jamais opéré aucune retenue sur ces salaires.

Le mieux encore est l'engagement dans l'armée ou dans la flotte, et qui est représenté comme une prime, comme une grande récompense accordée aux bonnes notes obtenues. Rien ne vaut le régiment pour achever l'œuvre commencée à la colonie, car les jeunes libérés ne sont pas encore assez sérieux pour jouir de la liberté ; la discipline leur est bonne encore ; ils apprennent au régiment le respect, et des plis du drapeau se dégagent des sentiments d'honneur qui les pénètrent.

Services économiques. — Le matin, au lever, après les ablutions et les lits faits, il est distribué une soupe chaude ou plutôt une panade préparée comme une soupe et ayant cuit la nuit. Été comme hiver, l'enfant se trouve bien d'un aliment chaud pris à la première heure.

La panade est donnée toute l'année.

Déjeuner à 8 heures : pain avec fromage, sardines, figues, noix, radis, fruits selon la saison.

Dîner à 1 heure (jours maigres) : rations abondantes de haricots, pois, lentilles, ragoûts de pommes de terre et légumes verts, riz, châtaignes sèches. Viande, trois fois par semaine, mardi, jeudi et dimanche. Le pain toujours donné à discrétion. Souvent des collations, comme récompense, avec charcuterie et fromage. De temps à autre du café.

Il est donné du vin trois fois par semaine ; et, dans les grands travaux des fenaisons, moissons, de transport de terre, une fois par jour.

« Ce n'est pas dans un but économique ; on mange davantage quand on ne boit pas de vin ; mais il y a ici plusieurs enfants de parents alcoolisés ; il nous paraît indispensable de leur montrer qu'on peut avoir des forces et une bonne vigueur sans avoir recours à l'alcool ou à une grande quantité de vin.

« Jamais les enfants ne peuvent se procurer de vivres supplémentaires : ils sont abondamment servis. Nous avons vu dans ce procédé une source d'abus et un moyen de décourager les plus faibles, les maladroits, les incapables de donner une somme de travail suffisante. »

Il y a bien rarement des malades. L'air pur et fortifiant des champs, la régularité de la vie, une bonne nourriture préservent des maladies, et ramènent la vigueur dans les corps débiles, chez les enfants anémiés. Il faut, il est vrai, venir en aide à la salutaire influence du milieu nouveau où vivent les enfants. Les lymphatiques, les scrofuleux, les pisseux, sont traités à l'huile de foie de morue, au quinquina; on y ajoute les sirops dépuratifs et l'iodure de potassium. L'huile de foie de morue est donnée pendant quatre mois et demi à cinq mois. « On y gagne à tous les points de vue; il est toujours vrai le proverbe antique: *mens sana in corpore sano*. Nous avons vu de sérieux changements se produire à mesure que la santé se fortifiait. »

L'infirmerie est entièrement isolée et se compose de quatre pièces: deux chambres d'isolement, au nord, en cas de maladies contagieuses: une pour les petits, l'autre pour les grands; deux chambres plus grandes (pour les petits et pour les grands), pour les autres maladies. Une femme est là pour donner des soins, aidée d'un surveillant-infirmier.

Le docteur jouit d'un pouvoir illimité pour prescrire, aux frais de la colonie, le régime alimentaire comme les remèdes qu'il juge utiles.

Depuis treize ans, aucun des jeunes malades n'a été envoyé dans les hôpitaux.

Il y a eu beaucoup de déséquilibrés, quelques-uns frisant la folie, mais pas d'aliénés.

On donne des douches froides aux enfants : la douche en jet et la douche en pluie. On a constaté un très heureux effet produit par les douches; plus de vigueur, très peu de rhumes et de courbatures, et, pour les petits gâteux, une amélioration très sensible.

Pendant l'été, on fait prendre aux enfants des bains de rivière.

Vestiaire : chaque colon reçoit annuellement deux costumes : costume d'hiver, bon cadis d'excellent usage, bien chaud. Costume d'été. Neufs, ils sont portés les dimanches et jours de fêtes. L'année d'après, ils deviennent les vêtements de tous les jours.

Les vêtements sont confectionnés et raccommodés dans l'atelier des tailleurs.

Lingerie: chaque colon possède de 3 à 4 chemises marquées à son numéro. Changement de linge tous les dimanches comme les serviettes de toilette, plus fréquemment les mouchoirs, tricots de coton pour l'hiver, chaussettes de laine ou de coton selon la saison.

Literie: lit en fer n'ayant qu'une paillasse en paille de maïs (c'est la couchette qui a paru la plus saine), avec deux draps changés tous les mois et trois couvertures de laine pour l'hiver.

Costume spécial obligatoire: sabots en semaine avec chaussons, l'hiver, souliers le dimanche et les jours de sorties, sandales, l'été.

La maison doit tout fournir; elle n'accepte des parents que le lainage, flanelles, tricots de laine et chaussettes, si toutefois la famille peut les fournir.

Trousseau remis: un complet confectionné par les tailleurs de la maison, souliers neufs, chapeau feutre ou paille selon la saison, 2 chemises et 3 mouchoirs.

«Nous tenons à ce que nos colons paraissent bien mis, afin que, se présentant pour occuper une place, ils préviennent en leur faveur et soient plus facilement acceptés.

«Nous agissons de même pour les colons bénéficiant de la libération provisoire, comme pour les anciens colons qui nous reviennent avec des vêtements en loques, miséreux.»

Organisation du travail. — Le travail s'exécute toujours pour le compte de l'établissement. On a travaillé quelquefois pour le compte des particuliers, mais ce système a dû être abandonné. Afin de pousser l'enfant à donner le plus de travail possible, on l'encourageait par des procédés funestes à sa santé et contraires au règlement.

Industries:

1° Atelier de	menuiserie...	3	garçons avec un	chef menuisier;
2° —	tailleurs	12	—	chef tailleur;
3° —	cordonniers ..	6	—	chef cordonnier;
4° —	forges.......	6	—	chef forgeron;
5° —	tonnellerie ...	3	—	maître tonnelier;
6° Brosserie	pour les petits, travail d'hiver, et paillassons.	6	—	maître brossier;
7° Boulangerie	....	2	—	chef boulanger;
Cuisine	....	1 cuisinier avec 2 marmitons;		
Buanderie:	dirigée par la femme d'un surveillant, assistée de 3 femmes à la journée.			

La durée moyenne de l'apprentissage est très difficile à déterminer; pour mieux dire, l'apprentissage ne finit pas. Quelques-uns acquièrent une certaine habileté ; mais, pour la plupart, ils sont réfractaires au travail, grands amateurs du changement, inattentifs aux leçons données.

Quelques mois avant le départ, plusieurs se mettent sérieusement à l'œuvre, alors on peut constater des progrès.

Les produits sont en partie consommés par la maison.

Une légère gratification est accordée aux bons apprentis.

La récompense principale réside surtout dans le pécule.

Les ateliers sont tous une source de dépenses. La matière première est souvent abîmée, le temps du contremaître à peu près perdu, et, lorsque quelques garçons sont sur le point de fournir un travail rémunérateur, l'heure de la libération sonne.

Il faut se résigner à n'avoir que des apprentis. Du reste, une colonie ne peut et ne doit être qu'une œuvre philanthropique ; il lui faut toujours dépenser, et sa seule ambition doit être de produire de bons résultats moraux.

En choisissant ces divers métiers, la colonie a tenu à avoir ceux qui peuvent être exercés jusque dans les petits bourgs.

Sa préoccupation est d'éloigner des grands centres. Tous les colons passent par les champs avant d'entrer dans un atelier. Il faut qu'ils sachent manier les outils dont se sert l'agriculteur. Une fois par semaine, les ateliers sont fermés et les apprentis vont travailler la terre. On obvie ainsi aux inconvénients de la vie sédentaire et on leur donne un peu le goût de la vie des champs.

A la fenaison, aux moissons, pendant les vendanges, ils sortent plusieurs fois par semaine.

La tâche à faire n'est jamais accrue, les heures de travail sont toujours les mêmes, entrecoupées de moments de récréation (en dehors des récréations suivant les repas).

S'il y a malfaçons involontaires, des observations sont faites, souvent des gronderies, mais on ne peut punir un enfant qui n'apporte au travail que sa maladresse.

S'il y a trop de récidives, il est jugé incapable ; il quitte l'atelier et va travailler dans les champs.

Les malfaçons volontaires sont sévèrement punies ; elles prouvent la mauvaise volonté de l'enfant ou l'esprit de vengeance qu'il nourrit.

C'est l'amende et quelques jours de cellule.
Point de surveillants ou de contremaîtres libres.

Pécule. — Chaque surveillant (pour les ateliers comme pour les travaux des champs) a un carnet destiné à recueillir les notes journalières et personnelles sur la conduite et le travail des enfants qui lui sont confiés.

Les notes maxima sont 10 points pour le travail; 10 points pour la conduite; elles sont totalisées à la fin du mois. Les mauvais points infligés pour punition dans le courant du mois sont aussi totalisés, puis déduits des premiers.

Le pécule est calculé sur la moyenne des points qui restent acquis. Un tableau donne par famille la valeur pécuniaire des bons points. D'après ce tableau pour la famille *A* (grands), 190 points donnent droit à une gratification de 2 fr. 70; pour la famille *B* (moyens), 190 points donnent droit à une gratification de 1 fr. 90; pour la famille *C* (petits), 190 points rapportent 1 fr. 25. Le colon travailleur et se conduisant bien arrive à gagner 2 fr. 50 à 4 francs par mois. Celui qui est honoré du titre de frère aîné reçoit davantage. La somme revenant à chacun est portée d'abord sur les écritures de la colonie, ensuite sur les livrets individuels qui sont distribués aux colons à la fin du trimestre (le colon connaît toujours sa petite fortune et il y tient). Le total du pécule mensuel attribué à l'ensemble varie entre 190 et 200 francs, laquelle somme est versée dans une caisse qui a nom: *caisse des colons*. Fin décembre 1899, le montant de celle-ci s'élevait à 3.010 francs. Ce chiffre, qui semblerait devoir aller en augmentant, ne varie guère, attendu que, tous les quatre ou cinq mois, on en distrait environ 400 francs qui sont versés au trésorier de la Société de patronage, lequel fait des placements au profit des colons dont le pécule a le plus prospéré.

Il y a un pécule disponible et un pécule réserve.

Sur le pécule disponible, les dépenses autorisées le sont pour permettre des abonnements à des journaux et des petites revues (de jardinage, etc.), de se faire photographier (une fois, pour la famille), de venir en aide très légèrement (ceci regarde surtout la Société de patronage) à d'anciens colons sans travail, malheureux ou malades (il faut qu'ils comprennent qu'une solidarité étroite les unit les uns aux autres), de soulager des parents miséreux ou de répondre à l'appel de la charité à la suite de grands malheurs ou d'une grande catastrophe : eux-mêmes fixent les dons à faire.

La colonie habille gratuitement l'enfant jugé ou abandonné, celui à qui aucun secours ne peut être envoyé.

A son départ, le pupille ne reçoit qu'une faible partie de son pécule, 10 ou 15 francs pour subvenir à ses premiers besoins.

Pour empêcher le gaspillage, lorsque le pupille a besoin d'un secours, il s'adresse au directeur, qui communique sa demande au trésorier de la Société de patronage. S'il y a lieu, un don est fait par la Société ou bien une petite somme est prélevée sur le livret du colon.

Le pécule au moment de la sortie varie entre 60 et 150 francs.

Patronage. — Une Société de patronage spéciale à la colonie a été fondée au mois d'août 1876 ; elle est le complément indispensable de l'œuvre, dont l'influence doit naturellement se continuer après le départ des pupilles.

Le préfet de la Dordogne et le président du conseil d'administration de la colonie en sont présidents d'honneur. Membres de droit : le sous-préfet de Bergerac et le procureur de la République.

Les membres se recrutent parmi les protestants de la Dordogne et de la Gironde, qui versent au profit de la Société une certaine somme.

Un comité de 12 membres, nommés par la Société, en est comme le pouvoir exécutif ; il se réunit quatre fois par an. Il se compose : d'un président, M. Dupuy, maire du Fleix, d'un vice-président, du directeur de la colonie, d'un trésorier, M. Jean Guignard, négociant à Sainte-Foy, et de quatre assesseurs.

L'action de la Société s'exerce sur tous les colons libérés, civils et militaires. Elle les suit partout où ils vont, les entoure de sa sympathie et de ses conseils, s'il y a lieu, les gronde, les rappelle au devoir, leur vient en aide s'ils sont dans le besoin, administre paternellement le pécule qu'ils ont laissé et leur en expédie une partie quand elle le juge nécessaire.

Partout où vont ses protégés, elle leur désigne un ami qui devient leur correspondant ; c'est à lui qu'elle adresse les fonds (récompenses ou secours) qui leur sont destinés.

La durée du patronage est de cinq ans.

La Société de patronage a ses statuts imprimés. Elle a aussi recours à une autre institution de patronage, à la Société qui s'occupe de jeunes militaires sortis des colonies et dont le fondateur est M. Félix Voisin, conseiller à la Cour de cassation.

Par M. Voisin, elle a des renseignements sur les soldats, et ceux-ci sont tout heureux d'être protégés par lui.

Les ressources de la Société sont très modiques. Elle est subventionnée par le ministère de l'Intérieur. Elle fait beaucoup de bien ; elle a évité des chutes et relevé le courage de pauvres garçons délaissés, que le chômage ou la maladie ont jetés dans la misère. Elle habille des militaires sans argent dont le service militaire est expiré, aussi bien que les civils sans ressources.

Établissement public.

Colonie correctionnelle d'Eysses (Lot-et-Garonne).

L'article 10 de la loi de 1850 est ainsi conçu : « Il est établi en France ou en Algérie une ou plusieurs colonies correctionnelles où sont conduits et élevés : 1° les jeunes détenus condamnés à plus de deux ans ; 2° ceux des colonies qui auraient été déclarés insubordonnés. »

La maison centrale d'Eysses (Lot-et-Garonne), ayant été désaffectée, fut choisie pour y installer la colonie correctionnelle (décision ministérielle du 2 juin 1895).

Le 12 juin, les transfèrements des jeunes détenus, internés jusque-là dans les quartiers correctionnels, eurent lieu.

Aux deux catégories prévues par la loi de 1850, il faut ajouter celle visée par l'article 8 de la loi du 27 mai 1885, qui est ainsi conçu :

« Art. 8. — Celui qui aurait encouru la relégation par application de l'article 4 de la présente loi, s'il est mineur de 21 ans, sera, après l'expiration de sa peine, retenu dans une maison de correction jusqu'à sa majorité. »

Au 31 décembre 1895, le quartier correctionnel renfermait

302 jeunes détenus. L'établissement est une ancienne abbaye de bénédictins des Saint-Gervais et Protais (1687).

Il avait été transformé en maison centrale le 16 fructidor, an XI. Bien situé à l'est de Villeneuve-sur-Lot, au milieu d'une riante campagne, le climat y est tempéré, l'air pur et sain, et les statistiques médicales constatent qu'il n'y a jamais eu d'épidémie. On y accède par une très belle avenue de platanes séculaires.

Les bâtiments sont vastes et bien aérés, ils forment quatre quartiers distincts. La chapelle est au centre.

L'infirmerie, admirablement située en dehors des bâtiments occupés par la population, donne sur la campagne; elle comprend deux vastes salles pouvant contenir 40 lits. En outre, l'Administration y a fait installer 18 cellules d'isolement pour les sujets dangereux.

Le quartier cellulaire comprend 43 cellules de punition. Il en existe en outre dans les différents quartiers, ce qui donne un chiffre de 100 cellules et 12 cachots.

Ces cellules sont indispensables pour donner satisfaction aux prescriptions du règlement, qui prévoit l'application d'un régime répressif et intimidant.

Les enfants punis sont visités tous les jours par l'instituteur-chef, le surveillant-chef et, de temps en temps, par le directeur, l'aumônier et le médecin toutes les semaines, et plus souvent en cas de maladies signalées.

La population est répartie en 5 divisions.

L'une d'elles est composée de relégables et des sujets reconnus incorrigibles et dangereux.

Les plus petits sont séparés entièrement des grands, excepté à l'école.

Un instituteur est chargé spécialement d'une division, en dehors de la surveillance et du contrôle exercé par le directeur, l'instituteur-chef, le surveillant-chef, les surveillants et les contremaîtres. Il s'occupe des enfants de sa division au réfectoire, pendant les récréations, les visite au peloton de discipline, aux cellules.

Il fournit des notes écrites au directeur sur des sujets particulièrement signalés et à signaler. L'école a lieu tous les jours, les instituteurs font eux-mêmes la classe avec des surveillants moniteurs.

Les résultats sont satisfaisants, il y a peu d'illettrés.

La nourriture est la même qu'à la colonie pénitentiaire. Tous les dortoirs sont transformés pour l'isolement nocturne; il existe 436 chambrettes individuelles.

Le travail est industriel et agricole, la ferme comprend 13 hectares.

Les métiers exercés dans les ateliers sont ceux de :

Tailleurs, ravaudeurs (y sont classés tous les arrivants, en attendant leur classement dans un atelier), saboticrs et semelles de galoches, bourreliers, cartonnage, émouchettes, forgerons, ferblantiers, menuisiers, tonneliers, scieurs de long, peintres, maçons et manœuvres.

Une partie de la population détenue s'occupe de culture et de jardinage.

En outre, le service de la régie comprend les emplois indiqués ci-après :

Cuisiniers, balayeurs, buandiers, boulangers, infirmiers, écrivains.

Tous les travaux de constructions ou d'entretien des bâtiments sont faits par la main-d'œuvre des pupilles, sous la direction de leur surveillant-contremaître; actuellement, ils construisent des cellules.

Refuge installé a la ferme du Hazey.

A la colonie publique des Douaires (Eure) est annexée la ferme du Hazey, mise gracieusement et gratuitement à la disposition de la colonie par l'honorable Dr Bouilly, chirurgien à l'hôpital Cochin. Elle est affectée à titre provisoire comme refuge des anciens pupilles sans travail, et mérite une mention à part.

L'hospitalisation n'est que temporaire; les réfugiés sont placés chez des patrons par les soins de l'Administration.

Sont admis au refuge :

1° Les anciens pupilles des Douaires qui se présenteront à la colonie étant sans ressources et sans travail ;

2° Les anciens pupilles sortant du régiment et étant sans famille ;

3° Ceux qui, étant au régiment, sont envoyés en convalescence.

Avant leur envoi au refuge, les hospitalisés sont lavés, nettoyés à l'infirmerie. Ils prennent les effets mis à leur disposition par l'Administration (effets de pupilles mis en réforme). Leurs vêtements sont désinfectés, lavés, mis en état ou brûlés s'ils sont trop usés.

Les militaires en convalescence prennent les mêmes effets et sont autorisés, s'ils le désirent, à porter leur képi comme coiffure.

Les papiers, argent, ou tous autres objets, sont déposés, à l'arrivée, entre les mains du surveillant-chef, qui les étiquète et les remet au vaguemestre pour être rendus aux réfugiés au moment de leur départ.

Les réfugiés habitent la ferme du Hazey ; ils ne peuvent en sortir qu'avec l'autorisation du directeur ou du surveillant chef du refuge, qui fixe, suivant la saison, l'heure de la rentrée.

Une carte d'identité pour la circulation est délivrée à chaque hospitalisé par le vice-président du Comité de patronage.

Le travail est obligatoire.

Le lever est fixé à 5 heures en été et 5 heures 1/2 en hiver.

Le coucher à 9 heures en été, 7 heures 1/2 en hiver.

L'hiver, les hospitalisés peuvent être instruits le soir.

Il est expressément défendu de fumer dans l'intérieur de la ferme.

Les lits sont défaits le matin et les fournitures pliées comme à la colonie.

Les soins de propreté sont obligatoires. Les ablutions se font en été à la pompe et, l'hiver, dans le dortoir, dans les cuvettes installées à cet effet.

La tranquillité doit régner pendant la nuit, et interdiction formelle de fumer dans le dortoir.

L'été, les réfugiés viennent prendre une douche à la colonie, une fois par semaine.

Toute discussion, dispute, insulte, querelle ou batterie, mauvais propos, sont formellement défendus.

Les refugiés doivent se montrer d'une très grande politesse à l'égard des personnes étrangères ou appartenant à la colonie.

Ils doivent le respect et l'obéissance à l'agent, chef du refuge.

L'introduction de toutes liqueurs ou boissons alcooliques est interdite.

Il leur est défendu de la façon la plus formelle de s'introduire dans le parc du château.

Les repas ont lieu en commun dans la salle désignée.

Le surveillant de service assiste aux repas, ainsi qu'au lever et au coucher.

Les réfugiés n'ont droit à aucun salaire; toutefois, si l'Administration le juge convenable, des gratifications en argent ou en nature seront délivrées aux meilleurs travailleurs sur les fonds du patronage.

Les réfugiés doivent accepter la place qui leur est indiquée par l'Administration. Ils s'y rendent dans le délai assigné par le directeur, et munis d'une lettre d'introduction pour le patron lorsqu'ils ne sont pas mis directement à la disposition de celui-ci.

Ils reçoivent à leur départ l'argent, les effets et objets apportés par eux et ceux que pourra leur donner le Comité de patronage.

Ils doivent aviser le directeur de leur arrivée à destination.

Sont exclus du refuge :

Tout réfugié qui aura refusé d'obéir, de travailler, ou tenu une mauvaise conduite.

Celui qui sortira de la ferme sans autorisation.

Celui qui aura refusé l'emploi ou la place que l'Administration lui aura procurée.

Celui qui, envoyé chez un patron, ne s'y sera pas rendu.

Celui qui se sera fait renvoyer de chez le patron pour inconduite ou pour mauvais travail.

Et enfin celui qui aura enfreint sciemment et volontairement les prohibitions du règlement.

L'hospitalisation est volontaire et facultative.

Le refuge est visité chaque jour, soit par le directeur, le régisseur, le surveillant-chef, un des premiers surveillants, ou un autre employé désigné.

Les infractions, reclamations, incidents, sont signalés le jour même par le surveillant de service au refuge, et mentionnés sur un registre *ad hoc*, qui est soumis au directeur.

La femme du surveillant est chargée de l'entretien du linge, de la cuisine et des menus soins à donner aux réfugiés indisposés.

En cas de maladie grave, constatée par le médecin, le réfugié atteint est transporté dans un hospice.

Un registre nominatif est tenu à la direction pour tous les anciens pupilles admis au refuge.

Le règlement est lu à tous les réfugiés à leur arrivée.

Ils doivent déclarer par écrit, sur un registre à ce destiné, qu'ils consentent à s'y soumettre.

Copie du règlement est affichée dans la salle dite réfectoire.

Situation du refuge depuis sa création.

Depuis sa création, 1er novembre 1896, ce refuge a donné des résultats satisfaisants; jusqu'au 31 décembre 1898, il a été hospitalisé 80 malheureux jeunes gens sans travail, sans ressources, souvent sans famille, qui sont venus demander asile, au lieu de vagabonder et d'errer de ville en ville, en quête d'un emploi qu'ils n'auraient peut-être pas trouvé.

Aujourd'hui, ils sont placés, ils sont de bons travailleurs.

Mouvement de la population du refuge de Hazey (1)
du 1er novembre 1896 au 1er janvier 1900.

Placés	59
Engagés	9
Secourus, renvoyés dans leurs familles	37
Malades, renvoyés chez leurs patrons	2
Soldats en convalescence (3 à 6 mois)	5
Soldats en permission (48 heures à 30 jours)	27
Reste au refuge	3 (2)
Total	142

Sur ces 142 hospitalisés, 5 étaient en prison, et, au moment de leur libération, se sont réclamés de la colonie et ont été rapatriés; 4 anciens pupilles sont revenus de la colonie correctionnelle à leur

(1) Le bail de la ferme du Hazey étant expiré le 1er octobre 1900, le Comité de patronage a loué à ses frais la ferme de Launay, située à 1 kilomètre de la colonie.

(2) Ce sont 3 malheureux que personne ne veut occuper. Un est scrofuleux, hideux; l'autre épileptique, réformé, et qui ne peut travailler; le troisième n'a jamais quitté la colonie, paralysé du côté droit, il est resté notre berger.

libération, 14 ont écrit pour faire part de leur intention de revenir et ont reçu l'argent nécessaire à leur voyage.

Cette statistique est suffisante pour prouver le bien que l'on peut faire en donnant asile aux anciens pupilles. Ils sont garantis de la prison, et la société elle-même est préservée de délits que commettraient ces malheureux. La faim et la misère sont mauvaises conseillères.

Établissements spéciaux pour les jeunes filles.

La loi du 5 août 1850 mentionne, dans les articles 15, 16 et 17, des instructions spéciales pour ce qui concerne les jeunes filles mineures.

Art. 15. — Les règles tracées par la présente loi, pour la création, le régime et la surveillance des colonies pénitentiaires, s'appliquent aux maisons pénitentiaires destinées à recevoir les jeunes filles détenues, sauf les modifications suivantes:

Art. 16. — Les maisons pénitentiaires reçoivent:

1° Les mineures détenues par voie de correction paternelle;

2° Les jeunes filles de moins de 16 ans condamnées à l'emprisonnement pour une durée quelconque;

3° Les jeunes filles acquittées comme ayant agi sans discernement et non remises à leurs parents.

Art. 17. — Les jeunes filles détenues dans les maisons pénitentiaires sont élevées sous une discipline sévère et appliquées aux travaux qui conviennent à leur sexe.

Il n'existe en France, de par la loi, qu'un seul type de maison pénitentiaire qui reçoit toutes les catégories de jeunes filles.

Au 31 décembre 1897, la population générale était de 1.016, ainsi répartie:

Établissement public	156
Établissements privés	860
Total	1.016

Divisée ainsi par catégories :

Établissement public..	Acquittées (art. 66).....	122	156
	Condamnée (art. 67 et 69).	1	
	Correction paternelle....	33	
Établissements privés..	Acquittées (art. 66).....	855	860
	Condamnées (art. 67 et 69).	3	
	Correction paternelle.....	2	

Les jeunes filles insubordonnées sont internées dans un quartier spécial annexé à l'École de préservation de Doullens. Au 1er janvier 1900, elles étaient au nombre de 40.

Établissement public.

ÉCOLE DE PRÉSERVATION DE DOULLENS (Somme) ET QUARTIER CORRECTIONNEL ANNEXÉ.

Origine, Affectation, Personnel. — Cette maison d'éducation pénitentiaire a été fondée le 1er janvier 1895, pour recevoir les jeunes filles détenues désignées à l'article 16 de la loi du 5 août 1850. Elle est installée dans l'ancienne citadelle de Doullens (Somme), dont elle occupe entièrement la deuxième enceinte.

Dans la première, se trouve placée son annexe, le quartier correctionnel, qui reçoit les pupilles insubordonnées des diverses maisons pénitentiaires.

L'isolement nocturne est rigoureusement appliqué dans les deux quartiers, dont les services sont, du reste, distincts et, sous certains rapports, différents. L'École de préservation comprend 126 chambres de nuit : le quartier correctionnel en possède 40 seulement, mais dispose, en outre, de 14 cellules de jour et de nuit pour isoler les plus indisciplinées.

Sous les ordres du directeur se trouvent placées comme personnel féminin : 1 inspectrice, 4 institutrices, 1 surveillante-chef et un certain nombre de surveillantes.

L'instruction primaire est donnée à toute pupille pendant deux heures et demie, chaque jour; elle porte sur les matières exigées pour l'obtention du certificat d'études primaires.

Les métiers ou professions enseignés aux pupilles sont ceux de couturière, blanchisseuse, repasseuse et jardinière ou fille de ferme. Mais, en dehors du temps consacré spécialement à l'apprentissage de l'un de ces métiers, chaque enfant est employée successivement au ravaudage du linge, à la cuisine et au ménage ou service général, afin d'y acquérir les connaissances domestiques indispensables à toute femme de condition modeste, et peut-être même aux autres.

De façon générale, l'instruction professionnelle des élèves est dirigée, non seulement en vue de l'amélioration de la main-d'œuvre et de la production des ateliers, mais aussi et surtout avec la constante préoccupation de mettre les intéressées à même de gagner honnêtement leur vie après leur libération.

Afin de stimuler l'ardeur des pupilles au travail, il leur est distribué en récompense de leurs efforts des dons ou prix en nature et des gratifications en numéraire. Les premiers se composent soit de livres, coffrets ou menus instruments de travail, soit de coupons d'étoffe avec lesquels elles confectionnent pendant les récréations des mouchoirs, tabliers, chemises, etc., devant s'ajouter à leur trousseau de sortie.

Des rubans ou cordons, hebdomadaires pour les classes, mensuels pour le travail manuel et la conduite, sont attribués d'après le coefficient des cotes de 0 à 9 obtenues dans les diverses spécialités, et ces signes distinctifs, très appréciés des pupilles, permettent de supputer, pour ainsi dire mathématiquement, la somme de bons points revenant par mois à chacune d'elles.

Les gratifications en espèces sont allouées, sous forme de bons points, aux pupilles dont la conduite et le travail ne laissent point à désirer. Un bon point vaut 5 centimes; il est distribué mensuellement 1.000 bons points pour 100 enfants.

En outre, le 14 juillet de chaque année, à l'occasion de la Fête nationale, des livrets de Caisse d'épargne de 10 à 30 francs sont accordés par l'Administration supérieure aux élèves les plus méritantes. Ainsi, pendant que le trousseau personnel de la jeune fille s'augmente graduellement de dons ou prix en nature, son pécule ou avoir en numéraire, de quelques centimes au début, s'alimente à deux sources qui, d'ailleurs, finissent par se confondre: les bons points et les allocations exceptionnelles. Au jour de la libération, la majeure partie du pécule est déposée à la Caisse d'épargne au nom de l'enfant qui n'en pourra toutefois disposer qu'à sa majorité, et le reliquat lui est remis, de la main à la main, pour ses besoins.

Sont rigoureusement interdites, les violences, brutalités et peines corporelles de toutes sortes.

Les punitions disciplinaires dont il est fait usage, selon les cas, à l'égard des pupilles sont les suivantes:

La réprimande, soit en particulier, soit devant les autres pupilles;

La mise au piquet, pendant la classe, la récréation, le travail ou les repas;

Le retrait des cordons de classe, de conduite, de travail;

La privation de récréation ou de promenade;

Les retenues sur le pécule pour bris, dégradations ou malfaçons volontaires;

Le pain sec et le pain sec de rigueur, appliqués suivant le règlement du 15 juillet 1899;

La mise en cellule pendant quinze jours au plus. Pour une durée plus longue, l'approbation ministérielle est nécessaire. Enfin, l'envoi au quartier correctionnel, qui ne peut être prononcé que par le ministre.

Telle est l'échelle des punitions.

A l'égard des filles relativement sages qui composent l'effectif de l'école de préservation, on use plutôt des privations de récompenses que des punitions proprement dites, et l'on n'arrive à ces dernières qu'après avoir épuisé tous les moyens de redressement qu'une saine indulgence peut suggérer.

Il n'en va pas de même au quartier correctionnel, où l'indulgence réussit rarement et où l'application de l'article 614 du Code d'instruction criminelle devient parfois nécessaire. Il s'agit ici, en effet, de jeunes filles de 16 à 20 ans notoirement indisciplinées, qui se sont déjà livrées, au dehors, à la prostitution.

Comme dans les autres établissements pénitentiaires, il y a deux régimes alimentaires : le régime gras et le régime maigre (1).

Quant à l'éducation morale, elle ne saurait être le résultat d'une réglementation positive ; elle ne peut naître que de l'action propre du personnel, dont les efforts tendent constamment à développer les bonnes dispositions des pupilles, à redresser leurs instincts vicieux ou dévoyés, à les mettre en garde contre les idées fausses ou exagérées. Dans cette œuvre de réforme et de préservation il y a place pour toutes les initiatives, pour toutes les bonnes volontés.

Le directeur, non seulement dans ses allocutions, mais de façon continue, par les mesures qu'il prend, par sa façon de punir et de récompenser, s'attache à obtenir de ses administrées qu'elles croient à ces deux entités nécessaires : la justice et la bienveillance.

L'inspectrice remplace la mère absente ou indigne auprès des plus malheureuses, pauvres déshéritées dont la misère morale est vraiment navrante, elle réveille les bons sentiments qui subsistent encore dans ces natures déprimées.

L'aumônier, au cours de l'exercice de son ministère, s'attache à développer chez les pupilles l'idée du devoir d'une façon aussi large et aussi élevée que possible, sans dépasser toutefois la portée des intelligences limitées ou déformées auxquelles il s'adresse.

---

(1) Il est fourni aux pupilles valides un service gras, les dimanche, mardi jeudi de chaque semaine ainsi que les jours fériés légaux. Ce service est ainsi fixé :

Matin : soupe à l'oignon, panade à l'ail ou soupe au lait.
Midi : soupe grasse et bœuf ou ragoût de viande et dessert.
4 heures : un morceau de pain de 150 à 200 grammes.
Soir : soupe aux légumes et salade ou dessert.

Le régime alimentaire des jours maigres diffère de celui qui précède à l'égard seulement du repas de midi, qui comprend avec un dessert l'un des mets désignés ci-après :

Pitance de légumes, secs ou frais, ou un œuf. Riz au gras.
Macaroni au fromage ou morue aux pommes de terre.

Le pain est donné à discrétion à tous les repas.

L'eau pure est la boisson ordinaire, mais pendant les mois de juin, juillet et août, on distribue à la population, soit du vin coupé au quart, soit du cidre ou de la bière coupée à la moitié (un litre par jour et par enfant).

En outre, les anémiées, les débiles non inscrites à l'effectif de l'infirmerie, peuvent recevoir journellement, en plus des vivres ordinaires des valides, soit une ration de viande et 20 centilitres de vin, soit du lait en quantité suffisante, par prescription médicale.

Le régime des malades est réglé d'après les ordonnances du médecin.

De leur côté, les institutrices, sans se substituer à l'aumônier, s'emploient à fortifier, à enraciner dans l'âme de leurs élèves les notions essentielles de la morale humaine, communes à toutes les doctrines, nécessaires à tous les êtres civilisés.

Enfin, les surveillantes et les contremaîtresses profitent des moindres faits ou incidents de la vie intérieure de la maison pour adresser à leur petit monde des recommandations utiles, et même énoncer des préceptes qui, dans leur forme naïve, font, parfois mieux que les dissertations savantes, saisir et apprécier la distinction du bien et du mal.

Ainsi dirigée et conseillée, la pupille grandit, se développe physiquement et moralement, et atteint le jour fixé pour sa libération. La grande question de son reclassement, déjà envisagée et étudiée par l'Administration, va recevoir une solution. Si la famille offre les garanties désirables, l'enfant lui est rendue. Dans le cas contraire, la jeune libérée est confiée à la Société de patronage de Noisy-le-Sec, qui la recueille, la place et lui prête l'aide morale et matérielle dont dont elle peut encore avoir besoin.

Cette Société a été créée par Mme l'inspectrice générale Dupuy.

Atelier refuge.

Colonie agricole et patronage de jeunes filles libérées et détenues a Rouen.

En décembre 1848, sœur Marie-Ernestine, chargée depuis 1840 de la surveillance du quartier des jeunes filles à la prison de Rouen et touchée du triste sort qui leur était réservé alors que, à l'époque de leur libération, d'indignes parents ou de misérables matrones les attendaient à la porte de la prison pour les exploiter ou les livrer à la débauche, résolut de les sauver par des moyens jusqu'alors inconnus.

Deux jeunes filles libérées ensemble refusant de se rendre dans leur mauvaise famille, à Dieppe, sœur Marie-Ernestine, en vue de seconder leurs efforts, parcourut en leur compagnie une partie de la ville de Rouen dans l'espoir de leur trouver un gîte. Le jour touchait à son déclin lorsqu'elle apprit qu'un vieux galetas était à louer rue Saint-Hilaire; c'est dans ce réduit qu'elle installa ses deux protégées et dépensa la modique somme de o fr. 85 qui fut en sa possession pour leur procurer une botte de paille pour se coucher, une livre de pain et une chandelle fixée dans une bouteille cassée tenant lieu de chandelier.

Sœur Marie-Ernestine prit congé de ses protégées, leur promit de les visiter le lendemain et de leur rapporter quelque travail avec l'espérance d'un avenir meilleur.

La location de ce réduit, évaluée à 5o francs, fut quêtée en secret par sœur Marie-Ernestine, qui souvent se privait du nécessaire pour donner à ses protégées la nourriture indispensable.

Six mois se passèrent ainsi et déjà un groupe de jeunes filles libérées, premier noyau de l'œuvre, fut transféré, par les soins de sœur Marie-Ernestine, de la rue Saint-Hilaire dans un local un peu plus vaste, rue Planche-Ferrée.

Ce changement trahit le secret de sœur Marie-Ernestine, une dame charitable, qui voulut rester inconnue, fit remettre une somme de 3oo francs pour payer le loyer du nouveau local.

Mme la supérieure générale de la Communauté accorda alors gratuitement, ainsi que cela a toujours eu lieu depuis, les religieuses nécessaires pour la surveillance, la direction et l'instruction des protégées de sœur Marie-Ernestine, que celle-ci visitait souvent, tout en restant attachée au quartier spécial des jeunes délinquantes à la prison de Bicêtre.

En avril 1849, un conseil de surveillance, composé d'un ecclésiastique, nommé par l'archevêque, et de quatre dames nommées par le préfet, se forma en faveur de l'œuvre, à laquelle cette même année, M. le ministre de l'Intérieur confia les premières jeunes filles détenues. C'est aussi à cette époque qu'eut lieu l'achat d'une chèvre et d'un petit âne que, à défaut de pâture, une jeune fille faisait paître sur les talus longeant les haies à l'extrémité de la ville; celle qui remplissait très consciencieusement le rôle de bergère fut placée chez d'honorables cultivateurs de Saint-Jacques-sur-Darnétal, où elle se maria à un honnête agriculteur, elle vit encore à Saint-Jacques avec ses enfants et petits-enfants; excellente mère de famille elle jouit de l'estime générale. Beaucoup d'exemples de ce genre seraient à citer parmi les patronnées de sœur Marie-Ernestine.

En 1850, le personnel de la rue Planche-Ferrée fut transféré route de Darnétal, 33, où un bail de trois ans fut contracté pour une somme annuelle de 750 francs.

En 1851, sœur Marie-Ernestine renonça complètement à sa charge de supérieure des sœurs de sa Communauté, surveillantes à la prison de Bicêtre, pour s'occuper exclusivement de son œuvre.

Par décision en date du 27 septembre 1851, M. le ministre de l'Intérieur agréait sœur Marie-Ernestine comme directrice de l'Atelier-Refuge; un avis préfectoral, en date du 13 décembre 1851, notifiait cette décision.

En 1852, suivant le désir de sœur Marie-Ernestine, l'avis du conseil de surveillance et le refus de la supérieure générale de la Communauté d'acheter l'immeuble de la route de Darnétal, consistant en un petit corps de bâtiment en briques, faisant aujourd'hui face à l'entrée principale, l'abbé Podevin, alors aumônier des prisons, voulut bien prêter son nom pour l'acquisition du local, qui fut estimé à 16.000 francs, payables en quatre parts égales dans un délai de quatre ans.

En 1858, eut lieu l'acquisition d'une petite ferme faisant suite à l'immeuble, elle comprenait 48 hectares de terrain dans le vallon du Trou-d'Enfer ; elle fut payée dans un délai de huit ans, ce furent là les premiers débuts de la culture ordinaire et de la culture maraîchère, qui a offert une occupation si salutaire aux jeunes pupilles employées à ces travaux.

En 1861, l'abbé Podevin abandonna l'aumônerie des prisons pour se fixer au siège de l'œuvre, où il mourut le 15 janvier 1882.

Depuis cette époque, sœur Marie-Ernestine a gouverné seule l'établissement. Elle y a réalisé de grandes modifications et des agrandissements permettant aujourd'hui d'y admettre 400 pupilles. L'acquisition en 1873 de la ferme dite de la Grande-Mare, éloignée d'environ 2 kilomètres de l'établissement principal, comprend une exploitation de 175 hectares d'un seul tenant, dont 105 sont en grande culture.

Cette ferme, dans un état d'abandon complet lors de sa prise de possession, a subi, au prix d'un rude labeur et de grands sacrifices, une véritable transformation. C'est dans cette colonie que sont aujourd'hui initiées à l'agriculture toutes les pupilles appartenant à la population rurale et désirant leur placement dans les fermes. 500 patronnées de cette catégorie ont été honorablement placées dans les exploitations de la région et d'ailleurs et presque toutes ont été demandées en mariage par des cultivateurs aisés.

L'établissement a reçu, depuis sa fondation, 3.720 pupilles, dont 2.515 ont été placées directement par ses soins et patronnées efficacement en toute circonstance, mais, surtout à l'époque de leur mariage, de la naissance et de la première communion de leurs enfants, souvent ces derniers ont été bien placés par son initiative.

Le patronage compte jusqu'à ce jour 2.222 pupilles honorablement mariées et bonnes mères de famille, de nombreuses preuves à l'appui pourraient être citées, principalement à Rouen, Paris, le Havre, etc., d'où bon nombre d'anciennes pupilles honorablement établies viennent fidèlement à l'établissement visiter sœur Marie-Ernestine, accompagnées de leurs maris et de leurs enfants; les plus éloignées sont hébergées dans la maison et y restent durant le temps dont elles peuvent disposer; toutes savent qu'elles y sont toujours très maternellement reçues et secourues dans les circonstances difficiles de leur existence, notamment lorsqu'elles sont atteintes par la maladie au cours de leurs divers placements.

Établissement privé.

Maison pénitentiaire Sainte-Odile, a Bavilliers (Territoire de Belfort).

Population. — L'effectif de l'École Sainte-Odile ne comprend que des pupilles de l'Administration pénitentiaire et ne renferme pas d'enfants en correction paternelle.

Les jeunes filles sont réparties en trois ateliers; chaque groupe a son dortoir spécial, son réfectoire, sa place déterminée à la chapelle et en récréation.

Les plus jeunes enfants se trouvent dans un même atelier; elles forment le troisième groupe.

On leur adjoint quelques grandes élèves qui aident les maîtresses dans la surveillance et les soins à donner à leurs plus jeunes compagnes.

Il existe deux chambres d'isolement de jour et de nuit, possédant des lits complets et munies d'appareil de chauffage pour l'hiver. Il y a, en outre, une troisième cellule de jour pour les enfants qu'il est utile d'isoler quelques heures.

Personnel.

1 supérieure,
1 secrétaire,
1 médecin,
1 infirmière,
2 institutrices,
1 aumônier,
10 surveillantes,
3 directrices d'ouvroir.

Le personnel se recrute à la maison mère.

La supérieure exerce la haute surveillance sur tout le personnel de l'établissement.

C'est elle qui assigne aux employées les fonctions à remplir; c'est elle qui contrôle leur travail et qui s'assure du résultat obtenu.

La secrétaire est chargée des écritures administratives que la supérieure juge à propos de lui confier; elle seconde aussi la préposée dans sa correspondance et remplit de plus les fonctions de maîtresse de discipline.

La religieuse chargée de recevoir les visites ne peut remplir d'autres fonctions que celles de portière.

L'économe fait les achats; elle est également chargée des commandes et des expéditions des ouvrages confectionnés dans les ateliers. Elle remplit aussi les fonctions d'infirmière.

Les deux institutrices sont chargées de l'enseignement et participent à la surveillance.

Il y a trois ateliers pour la couture et la broderie. Dans chaque atelier, il y a une maîtresse directrice qui a sous son autorité une ou deux religieuses adjointes. Les unes et les autres sont chargées de tenir en bon état le linge, la literie et le vestiaire des enfants. Elles surveillent aussi les repas et les récréations.

La cuisinière a la responsabilité des repas, elle est aussi chargée d'apprendre à cuisiner aux enfants qu'on lui confie.

L'organiste donne les leçons de chant; elle a, de plus, la surveillance d'un dortoir et d'autres emplois lui sont aussi confiés.

La jardinière a le soin du jardin; une autre religieuse surveille l'écurie, la basse-cour et initie les enfants aux travaux d'une ferme. Outre leurs attributions spéciales, les maîtresses ont toutes à se prêter aux travaux divers, lorsque leur concours est nécessaire. Elles aident aux lessives, au repassage, à la préparation des aliments, etc.

Culte. — Les fonctions du culte sont exercées dans la chapelle de l'établissement par les deux prêtres de la paroisse. Le vicaire, aumônier de la maison, est plus spécialement chargé de l'instruction religieuse.

Le dimanche et les jours de fêtes légales, l'office a lieu à 7 heures du matin.

Les enfants assistent à la messe, pendant laquelle les chanteuses exécutent, sous la direction d'une religieuse de l'École, divers morceaux de plain-chant et de musique. Le soir de ces mêmes jours, tout l'effectif assiste à un salut suivi d'une petite instruction.

Tout l'effectif prend part aussi, le lundi de chaque semaine, à une leçon de catéchisme de trois quarts d'heure environ, et tous les jeudis, à une conférence religieuse de la même durée. Les plus jeunes des pupilles et les ignorantes assistent encore à une leçon de catéchisme le mardi et le mercredi. Toutes ces instructions se font à la chapelle; là, comme partout, les enfants sont l'objet d'une attentive surveillance de la part des maîtresses. Chaque année, vers le mois de mai, un certain nombre de pupilles font leur première communion, après y avoir été soigneusement préparées.

Pour éviter aux jeunes communiantes tout sentiment pénible au souvenir de leurs parents absents, la supérieure organise une petite fête de famille; elle fait servir un dîner plus copieux que les autres jours et offre quelques desserts.

Tout l'effectif participe à ce repas, où une place spéciale est réservée aux communiantes.

Lorsque Mgr l'archevêque de Besançon administre la confirmation à Belfort ou dans les environs, les confirmantes de Sainte-Odile lui sont aussi présentées.

Enseignement scolaire. — Les enfants fréquentent la classe deux heures par jour, et reçoivent à peu de différence près une instruction primaire.

Les deux maîtresses chargées de l'enseignement font six heures de classe par jour et partagent leurs élèves en cinq classes. Toutes les matières du programme des écoles primaires publiques y sont enseignées.

L'enseignement est gradué depuis la cinquième classe, qui se recrute d'enfants illettrées à leur entrée, jusqu'à la première, qui correspond à une classe de préparation au certificat d'études primaires élémentaires.

La durée des classes est la même en toute saison.

La bibliothèque des enfants renferme des livres scientifiques, historiques et récréatifs. Mme l'inspectrice générale Dupuy a mis l'École Sainte-Odile en relation avec une Société bibliographique, qui fait en faveur des élèves un envoi annuel de livres scientifiques, historiques et moraux. Lorsque les livres ont fait le tour de la maison, ils sont renvoyés, contre une nouvelle livraison, à la direction bibliographique.

Les livres sont mis, à tour de rôle, entre les mains des pupilles; elles lisent pendant leurs loisirs du dimanche; on fait de plus la lecture à haute voix à la veillée, et cela à tour de rôle.

Régime disciplinaire. — Les punitions en vigueur dans l'établissement sont : les mauvais points, la suppression de la bonne note mensuelle, la privation des promenades, la tenue debout pour manger la soupe, les pensums, la place de punition au milieu de la salle et l'isolement.

Toutes les punitions sont subordonnées à la sanction de la supérieure.

Elles sont imposées pour : infractions au règlement et à la discipline, paresse à l'étude ou au travail, irrégularité dans l'exercice des emplois, répliques aux maîtresses, petits larcins, manières grossières, paroles trop libres.

Les récompenses accordées à la bonne conduite et à l'application au travail sont: les bons points, les bonnes notes mensuelles, les décorations d'honneur, les notes d'honneur, les charges de confiance, la distribution mensuelle et trimestrielle d'objets de lingerie, de trousseau, la récitation de quelques comédies enfantines à certaines fêtes, etc.

Quand les pupilles donnent de la satisfaction en général, et qu'il n'y a pas de plainte particulière, on leur offre aussi un petit dessert: châtaignes, pommes, noix, figues, confitures, gâteaux, etc.

Quelquefois, on accorde aussi une promenade extraordinaire, une excursion dans les environs.

Libération. — Un certain nombre de pupilles sont placées dans l'établissement jusqu'à un âge déterminé; d'autres y sont pour un temps déterminé, mais aucune d'elles ne dépasse la limite de 20 ans.

Lorsqu'une enfant offre des garanties de persévérance et qu'elle a les aptitudes nécessaires pour subvenir à ses besoins au dehors, elle peut être confiée, à titre provisoire, soit à sa famille, soit à des particuliers.

Lorsque la supérieure se charge d'un placement, elle guide la pupille dans la mesure du possible, afin qu'elle reste dans la voie du devoir. Si la chose est réalisable, on visite la protégée, souvent on lui écrit, et, le cas échéant, on lui porte aussi secours.

Quand il arrive à la jeune pupille de se trouver sans place, l'établissement la reprend momentanément, à la condition qu'elle puisse alléguer des raisons plausibles pour justifier son départ de chez ses patrons, et que sa conduite offre toutes les garanties possibles sous le rapport de l'honnêteté et de la moralité.

La durée maxima pour les enfants sorties en 1892 était de neuf ans, la durée minima d'un an, et la durée moyenne de six ans.

Services économiques. — Les pupilles font trois repas par jour: déjeuner, dîner, souper, et ont, de plus, le goûter à 4 heures.

Au dîner, il y a trois régimes gras par semaine.

Au déjeuner, on sert une bonne soupe et du pain.

Le menu des jours gras consiste en bouillon, viande, un plat de légumes verts avec mélange de pommes de terre, ou salade avec pommes de terre et toujours du pain. Il y a variété dans les légumes.

Au repas maigre, il y a une soupe maigre : panade, riz, julienne, soupe aux pommes de terre, aux haricots, etc. Légumes secs ou farineux, œufs, lait, fromage ou salade avec pommes de terre.

Chaque repas commence par la soupe.

Le menu du souper consiste en soupe, pain et confiture, ou salade avec pommes de terre, lait, fromage ou fruit.

Les enfants sont toutes nourries de même et ne peuvent se procurer des vivres supplémentaires à leurs frais ; elles ont à manger à discrétion, et leur nourriture est saine et abondante.

Toutes les pupilles appliquées aux gros ouvrages ont toujours du pain à 10 heures du matin, du fruit ou du fromage avec leur pain à 4 heures, et souvent du vin.

Pour le régime des malades, on se conforme scrupuleusement aux ordres du médecin.

Les statistiques médicales de la maison prouvent que les conditions hygiéniques sont excellentes.

Toutes les malades sont soignées dans l'établissement, sauf celles dont le traitement exige l'envoi dans un quartier spécial (maladies vénériennes ou syphilitiques).

Les cas d'aliénation ou d'épilepsie, s'il s'en produisait, nécessiteraient également l'envoi dans des établissements spéciaux. Le contact de ce genre de malades serait funeste et dangereux pour leurs compagnes, car la frayeur dont on est saisi au moment d'un de leurs accès peut occasionner un égarement d'esprit et donner quelquefois l'épilepsie par imitation.

Le vestiaire des enfants comprend :

2 robes,
3 jupons,

Nota. — On porte une attention des plus vigilantes à la santé de chaque enfant. Les trois quarts de l'année, on fait prendre le matin à jeûn, à tout l'effectif, une infusion d'herbes dépuratives et on constate que c'est grâce à ces précautions hygiéniques que l'état sanitaire de Sainte-Odile est très satisfaisant.

5 pèlerines,
5 tabliers,
2 corsets,
2 camisoles,
1 capeline,
1 guimpe en flanelle,
1 bonnet de lingerie,
1 chapeau pour la promenade,
1 paire de souliers,
1 paire de chaussons d'hiver,
1 paire de chaussons d'été,
1 paire de sabots,
8 chemises,
5 paires de bas,
6 mouchoirs,
3 bonnets de nuit,
3 essuie-mains,
1 fichu de nuit,
2 cravates,
2 petits bonnets blancs festonnés,
1 costume de travail pour les enfants employées aux divers emplois de la maison.

Toutes les pupilles portent un costume d'uniforme, et tous les objets de trousseau énumérés ci-dessus sont marqués d'après leur numéro d'entrée.

Les enfants ne reçoivent rien de leurs parents, à l'exception de quelques bagatelles envoyées à l'occasion des étrennes.

Le trousseau donné à la pupille à sa libération est basé sur les bonnes notes qu'elle a acquises, sur l'exactitude et la diligence qu'elle a apportées au travail, le temps passé dans l'établissement.

Les effets d'habillement remis à la pupille la plus méritante, à sa sortie, comprennent les objets suivants :

1 chapeau ou 1 bonnet ou 1 capeline,
2 robes,
3 chemises,
3 paires de bas,

1 corset,
2 jupons,
1 camisole,
2 fichus,
3 bonnets,
6 mouchoirs,
1 foulard ou 1 cravate,
1 paire de gants,
1 bourse,
1 paire de bottines,
1 jaquette.

Toute pupille sortant par libération provisoire reçoit un trousseau tel que celui indiqué ci-dessus. Il est à remarquer toutefois que l'enfant qui a passé un temps considérable dans la maison, qui s'y est distinguée par sa sagesse, son application au travail et à l'étude, est soignée comme les pupilles qui sortent après expiration de leur peine.

Organisation du travail. — Le travail qu'on exécute à Sainte-Odile est fait sur commande des clients; il ne comporte que des travaux propres à la femme.

Il n'y a pas un objet de lingerie qui ne soit compris dans les confections exécutées; on fait aussi des layettes, des couvertures de lit.

Un tiers des enfants sont occupées au feston et à la broderie, les autres se trouvent dans les deux ateliers de couture.

Il est à observer que les enfants employées à la préparation des légumes, à la cuisine, à la cave, à la vacherie, aux lessives, au jardin, enfin aux travaux divers que réclament l'entretien et la propreté de l'établissement, se rendent dans leurs salles respectives lorsque leur présence est momentanément inutile dans leurs emplois.

Comme les pupilles ne peuvent être constamment occupées au travail manuel, en raison du temps qu'exigent les différents offices dont elles sont chargées, l'apprentissage de chaque industrie, pour les enfants intelligentes, comprend une période de quatre ans environ.

On donne, par mois, pour la main-d'œuvre, de 1 à 3 francs suivant les aptitudes des ouvrières et le fini de leur travail.

Les confections faites à Sainte-Odile sont en général très fines, très difficiles, très minutieuses et demandent, la plupart du temps, un concours notable de la part de la maîtresse, ce qui est à prendre en considération dans la répartition du gain.

Tout en s'occupant avec un véritable désintéressement du bien des enfants, il faut que l'établissement ne perde pas de vue qu'il a à faire face à ses dépenses, attendu que les maîtresses ne sont rétribuées en aucune façon.

Les enfants les plus sages reçoivent des gratifications dont la provenance découle du ministère; cette subvention, revenant aux pupilles les plus méritantes, leur est affectée sous la forme de livret de caisse d'épargne, dont elles ne peuvent toucher le montant qu'à leur majorité. On n'impose point de tâche aux pupilles ; on ne leur demande que ce qu'elles peuvent faire. En les pressant trop on s'exposerait à recevoir d'elles un travail malpropre que les clients n'accepteraient pas. Pour un ouvrage mal fait, gâté, déchiré, on réprimande l'enfant en tant que celle-ci en est la cause volontaire, autrement on ne lui en fait aucun reproche.

Pécule. — C'est de la main-d'œuvre, comme cela a été expliqué précédemment, qu'on tire le pécule. On n'y touche pas jusqu'à la sortie de l'enfant, et celle-ci ne peut rien prélever sur cette somme pendant son séjour dans l'établissement.

A la libération, le pécule lui est remis en espèces, à moins qu'elle ne demande à ajouter au trousseau fourni par l'établissement des objets d'habillement supplémentaires qu'elle juge utiles à sa condition ; dans ce cas, elle prend l'argent sur son pécule.

Cela arrive surtout lorsque la directrice de l'École pourvoit au placement de la jeune libérée.

L'importance moyenne du pécule est de 25 francs par an.

Il y a bon nombre d'enfants qui ne sont pas aptes au travail, qui sont impropres à toute industrie; c'est à peine si l'on peut obtenir d'elles quelques points de couture ou un peu de raccommodage. Les maîtresses font alors l'impossible pour les former au ménage et aux autres travaux déjà énumérés.

Patronage. — L'École Sainte-Odile fait les placements des libérées sans avoir recours à des Sociétés de patronage. Elle place les pupilles dans des familles sûres, quelquefois dans les environs de l'établissement; mais, de préférence, plus loin d'un centre urbain, afin qu'elles ne soient pas exposées à la vie de débauche. Les familles qui connaissent la maison, savoir : les clients et amis des clients, font souvent des demandes de domestiques; celles-ci sont réclamées soit en qualité de femmes de chambre, soit à titre de cuisinières, et c'est au point de vue de leur placement qu'on les dresse spécialement, dans les derniers temps, aux fonctions qu'elles devront remplir au dehors.

Certaines familles font leurs demandes six mois avant la sortie de la pupille et énoncent leurs exigences, ce qui rend plus facile la préparation prochaine de l'enfant à son entrée en service.

ANNEXE

Observations morales sur les pupilles confiés à la tutelle administrative.

Il a paru intéressant de placer ici quelques observations faites par M. Brun, directeur de la colonie des Douaires, qu'une longue pratique des questions relatives à l'enfance coupable a bien préparé à ces études.

En consultant le tableau 6 de la statistique de 1897, on relève que, sur 4.698 enfants présents au 31 décembre dans les colonies de garçons, 2.183 appartiennent à des parents ayant une profession indéfinie: mendiants, vagabonds, prostituées, ou dont la famille est inconnue ou disparue.

786 ont des parents qui ont subi des condamnations;
1.614 sont orphelins de père ou de mère;
191 sont orphelins complètement;
64 sont enfants des hospices;
soit 2.625 pupilles ayant une origine qui les prédispose à la chute.

Peut-on prendre comme immuables ces chiffres? Assurément

non; ils devraient être grossis si les renseignements fournis sur les pupilles étaient plus précis.

Ce que l'on peut dire sans hésitation, c'est que les parents en général ont une très mauvaise réputation, n'ont eux-mêmes aucune éducation et que,par suite, ils ne peuvent en donner à leurs enfants.

Il y a chez eux incapacité morale et nul désir de remplir leurs devoirs de chefs de famille. De ce fait, la perversion des enfants vient de deux causes : l'une, originelle : le défaut d'instruction morale et d'éducation ; l'autre, subséquente : la misère et la perversité de la famille. « La criminalité enfantine est avant tout la projection agrandie de la démoralisation paternelle et maternelle. » (Alfred Fouillée)

Ces constatations sont faites pour stimuler le zèle et le dévouement de l'éducateur à l'égard de ces enfants, qui ont droit à cette affection, à cette éducation, de par les lois naturelles, les lois sociales et les bienfaits de la civilisation. Ils y ont droit parce qu'ils ont déjà trop souffert de devoir le jour à des êtres humains qui sont indignes de porter les noms sacrés et vénérés de père et de mère.

Les crimes et les délits qui ont motivé l'arrestation et l'internement dans une colonie ne peuvent servir de base d'appréciation sur l'organisation morale des enfants. Ils ont été commis à la suite de circonstances multiples qui se produisent dans l'existence anormale que mène cette catégorie d'enfants.

C'est ainsi que l'on constate que les mineurs *criminels* sont souvent mieux organisés, mieux équilibrés, moins pervers, moins précoces et moins instruits dans le mal que les *mendiants*, les *vagabonds*, les *voleurs*.

Les premiers n'ont pas d'antécédents judiciaires, tandis que les autres ont déjà eu maille à partir avec la police et le juge d'instruction, et cela de nombreuses fois qui se chiffrent par 10, 15, 25 arrestations antérieures ou des condamnations.

Du reste, cette jeune population peut se cataloguer en quatre classes :

1° Les intelligents ;

2° Les vicieux ;

3° Les indifférents ;

4° Les arriérés.

1re classe. — Les *intelligents* appartiennent en général à la catégorie des criminels; ils sont rares parmi les enfants ayant commis des délits de peu d'importance.

La lutte est vive dès le début, longue parfois, mais presque toujours ces enfants cèdent aux punitions, aux conseils, aux avis, à l'affection et surtout à l'amour-propre. Mais il faut le répéter tout en le déplorant, l'enfant intelligent, doué de la véritable intelligence, sans tares ni lacunes, est très rare. Les enfants de cette classe sont généralement robustes, sans infirmités, d'une très grande vivacité physique, de caractère gai, franc, ouvert; et c'est parmi ces exceptionnels que se recrutent de préférence les sujets pour l'engagement dans l'armée. Devenus hommes faits, ils se souviennent, se montrent reconnaissants et dévoués à leurs anciens maîtres. Ils reconnaissent que leur passage dans la colonie a été un bienfait pour eux, et ils le disent bien haut.

2e classe. — *Les vicieux*. Cette catégorie forme le contingent le plus nombreux des élèves. Ce qu'il y a de difficile pour l'éducateur dans l'étude de ces natures, c'est la diversité; le même vice, le même défaut étant différent chez chacun. De là, des erreurs, des déceptions, et un labeur pénible, difficile, ardu pour arriver à une juste individualisation des sujets. Difficultés que vient parfois encore augmenter la courte durée du temps pendant lequel les soins et le traitement moral doivent être appliqués. La tâche est laborieuse lorsqu'il s'agit de féconder une terre restée inculte. Il faut du temps, et les résultats de moralisation ne peuvent être vrais et satisfaisants que si ce temps n'est pas limité à brève échéance.

M. Léon Vidal, inspecteur général des prisons, l'a dit avec toute son autorité et sa compétence : « Il y a dans l'enfance, comme dans l'homme arrivé à la maturité, des caractères tellement méchants, si foncièrement vicieux, qu'ils sont incorrigibles par les moyens communs, indomptables par les formes ordinaires de l'éducation. Il y a des enfants si enclins au mal, qu'ils semblent destinés au crime si on ne les arrête dans cette voie par des moyens exceptionnels. »

En confiant à l'Administration des enfants pour un temps relativement court, il semble que l'on ait prévu qu'à l'expiration de ce délai la guérison sera complète. Mais fixe-t-on au médecin du corps des limites pour la guérison du malade qu'il traite?

Chez les vicieux, le cœur semble ne pas vibrer, les sentiments ne pas exister; ce qui est affection, dévouement, franchise, devoir, est ignoré par eux; on ne peut le leur reprocher; ils ne l'ont jamais su, parce qu'on ne le leur a jamais appris; la compassion, la commisération, la pitié, de vains mots! Mais en revanche, la haine, la brutalité, la méchanceté, la dissimulation, le mensonge insolent, audacieux, règnent en maîtres. Extirper ces défauts profondément ancrés chez la plupart, parce qu'ils sont déjà à un âge où le mal a pris racine, voilà le labeur difficile. Leur langage est tout particulier, les mots grossiers sortent naturellement de leur bouche, et ils n'en connaissent pas d'autres. Ils ont horreur de l'uniformité, de l'ordre, de la propreté; l'esprit de destruction est très développé chez eux, et ils se complaisent dans l'ordure et la malpropreté.

Quant aux mœurs, on ne saurait en parler, même en employant la langue de Virgile. Ils savent tout, connaissent tout, n'ignorent rien; le désordre moral est déjà grand et a atteint jusqu'aux fibres les plus délicates de l'organisation cérébrale. Voilà l'état moral dans lequel ces enfants sont confiés à l'Administration.

Leur instruction primaire se ressent de leur état moral. D'abord ces enfants n'ont jamais suivi l'école régulièrement, ou ils en ont été chassés comme dangereux pour les camarades. D'autres n'y ont jamais été envoyés, les parents préférant les faire mendier ou voler, ou s'en servant pour garder les petits frères et sœurs. Du reste le désir de s'instruire n'existe pas chez ces élèves. Peu leur importe l'instruction! Tout ce qu'ils voient, tout ce qui les entoure ne les intéresse pas. Ils ne cherchent pas à comprendre, ni à connaître les causes; à moins que les choses et les faits n'appartiennent au mal ou touchent à l'immoralité.

Tout cela est le résultat de l'atrophie morale qui a atteint l'esprit comme le corps; le poison natif a tout contaminé!

Pour eux la vie n'apparaît pas comme la jeunesse; leur cerveau n'est hanté par aucune ambition d'être quelqu'un, une individualité; d'atteindre un but, un sommet. Si! pour certains, ils veulent être quelque chose, c'est-à-dire un être inutile et nuisible à la société qui les a frappés injustement.

Ils l'accusent cette société, dans le personnel de l'Administration, d'être la cause s'ils ne feront que des mauvais sujets toujours prêts à lutter contre les lois de l'honneur. Pour eux la mesure de préservation prise à leur égard revêt le caractère de torture, de supplice, d'un abus de pouvoir. Ils avaient le droit d'être libres puisqu'ils avaient agi sans discernement. Pourquoi les enfermer, les soumettre à la discipline du règlement qui les oblige à obéir, à travailler, sous la direction d'hommes qui, sous prétexte de vouloir leur bien, les torturent pour vaincre leur nature et leurs défauts.

« Je veux être mauvais, disent-ils, et nul n'a le droit de m'imposer une autre volonté. — Je suis né ainsi; j'ai été élevé dans le mal; j'ai vu faire le mal par les miens; je veux obéir au mal et personne ne pourra me vaincre. »

De ce qui précède, rien n'est exagéré, inventé; cette étude est vraie, vécue et annotée à chaque fait et jour par jour.

Peut-on réellement exiger une cure complète des malades? Car la maladie est grave, plus grave que chez les enfants de l'école de réforme. Aussi pour les soigner, les panser, tenter de les guérir, il faut un effort, une volonté, un dévouement que seuls peuvent apprécier ceux qui ont été appelés à étudier les malades.

Au point de vue physique, ils sont dans le même état, mais les soins matériels donnent des résultats plus prompts et plus appréciables.

A leur arrivée, les enfants sont malingres, chétifs, souffreteux, le système musculaire est peu développé. On voit qu'ils ont souffert et que le développement chez eux s'est fait d'une façon incomplète et anormale.

Pendant les premiers temps, ils ne peuvent se faire au régime alimentaire, ils refusent viande, vin, soupe. La propreté leur paraît étrange, coucher dans des draps, une superfétation; aussi a-t-on beaucoup de mal à les faire déshabiller.

Bien vite, ils s'acclimatent à ce bien-être, leur santé se raffermit; le grand air, l'hygiène, les bons soins, les douches en font de grands et forts garçons; pas tous, car les dégénérés, les produits d'alcooliques, ne se développent pas et à 20 ans ont le corps d'enfants de 14 ans.

Mais en général ils se font tellement bien au confortable de la maison, qu'ils deviennent difficiles, exigeants, se plaignent de la qualité des vivres ; généralement ces plaintes émanent des vagabonds et des mendiants qui « chinaient leur croûte » au dehors. Il en est qui ne se font pas aussi facilement à la règle et à la discipline, et ne se laissent pas influencer par le bien-être dont ils jouissent. Ce sont les jeunes gens qui ne sont confiés à la tutelle de l'Administration qu'après l'âge de 14 ans.

Certains ont la nostalgie non pas de la famille ni du pays, mais de la vie de vagabond et de mendiant. La vie régulière, le travail, les gênent, eux qui depuis leur bas âge ont vécu indépendants, sans tutelle, sans direction, au gré de leurs caprices, sans demeure fixe, vivant souvent de peu, couchant n'importe où, en tout semblables aux chiens errants. Le changement de vie est trop brutal; aussi cherchent-ils par tous les moyens à reprendre l'existence d'autrefois.

Ils s'enfuient! Qu'importent la misère, les privations de tous genres, le froid, la faim, les nuits passées à la belle étoile ; ils sont libres, ils ne veulent pas de chaînes. Le bas-fond social d'où ils sortent les attire ; du reste, ce sentiment est tellement invétéré chez certains, qu'à la sortie de la colonie ils reprennent leur vie de vagabonds. L'attraction est si grande que, questionnés sur leurs projets, ils répondent : « Je ferai le camelot. » Aussi le relevé statistique de la récidive des anciens pupilles constate de nombreuses condamnations pour vagabondage et mendicité. Condamnations qui pourraient peut-être s'expliquer et paraître excusables si elles s'appliquaient aux malheureux dégénérés impulsifs ou infirmes. Mais non! ce sont de forts et solides garçons, dont les bras robustes et la solide constitution les destinaient à un travail manuel quel qu'il soit, dur et pénible.

3e classe. — *Les indifférents.* Dans cette classe on trouve des semi-intelligents, des semi-vicieux, des semi-anormaux. Il a fallu en faire une classe spéciale parce qu'ils n'appartiennent aux autres que par certains côtés, et encore ces côtés ne sont-ils pas bien caractérisés.

Indolents par tempérament, sans aucun ressort, les indifférents se soumettent, obéissent, travaillent bien, juste assez pour échapper à une punition; ils reçoivent les observations sans y répondre par des insolences ou des murmures. Peu leur importe; s'ils ne font pas ce qu'on leur défend, ils feront autre chose. La vie régulière de la maison ne les gêne pas. Ils voient s'accomplir les cycles des jours, des mois, des années, sans impatience, sans émotion, sans penser que le jour de la libération se rapproche. Ils mangent bien; on peut dire que les repas sont les seuls événements de la journée qu'ils apprécient, ainsi que les heures passées au dortoir, au lit, bien chaudement, se reposant d'une journée qui n'a rien eu de fatigant pour eux.

Dans les cours, pendant les récréations, ils ne jouent pas, ils ne se promènent pas; un observateur les découvre très vite au milieu des autres, car ils se rassemblent plusieurs dans un coin et y devisent sur des faits sans importance ou sur des actes commis par des camarades. Ils ne fuient pas le surveillant, ils l'abordent même pour causer avec lui de futilités.

Les enfants de cette catégorie n'offrent aucun danger, cependant on les trouve quelquefois mêlés à une infraction grave. Faibles de caractère, comme de tempérament, ils ont obéi aux excitations des camarades, soit volontairement, soit sous la menace des coups.

L'Administration trouve, dans ces sujets, de bonnes natures, qui, malgré leur indolence native, arrivent à bien faire chez les patrons auxquels on les confie. Au régiment ils font de bons soldats et reprennent la vie régulière qu'ils ont menée à la colonie. Ils oublient facilement leurs chefs, non pas par ingratitude, mais par insouciance, indolence et manque complet d'initiative. Puis ils rentrent dans la vie civile, sans effort, sans bruit, gagnent péniblement leur vie, se font parfois une famille, jusqu'au jour où ils s'en iront pour toujours, sans bruit aussi, ignorés, comme ils ont vécu.

4e classe. — *Les arriérés, les anormaux, les dégénérés*. Cette classe est l'exception, mais elle existe, et elle existe plus nombreuse parmi les enfants nés dans les départements où l'alcoolisme est devenu une plaie sociale.

L'alcoolisme et la débauche sont les grandes sources de la criminalité, a dit avec juste raison un écrivain moderne (Fouillée), aussi ces enfants ont-ils besoin d'une éducation spéciale, de soins spéciaux, et doivent-ils former une sélection bien distincte de la jeune population.

Mêlés aux autres pupilles, ils sont une gêne pour les éducateurs, pour la discipline, et d'un mauvais exemple pour les camarades, par leurs caprices et parfois leur révolte ouverte contre le personnel qui a mission de les élever.

Cependant, malgré leurs difformités physiques et cérébrales, ils sont susceptibles d'un certain perfectionnement. Une des conditions essentielles pour obtenir ces résultats est que cette catégorie d'enfants soit confiée jeune à la tutelle administrative.

Pour la généralité, l'esprit restera sans instruction, parce qu'il ne peut ni concevoir, ni réfléchir, ni raisonner; mais le corps se sera fortifié et sera apte au travail manuel qui fait vivre.

Ce sera pour ces malheureux un grand bienfait d'avoir été sous la tutelle de l'Administration, car, au lieu d'être devenus par l'abandon une triste épave, l'éducateur en aura fait une individualité, pas utile, assurément, mais au moins non nuisible à la société.

Pour eux, point de sévérité, point de moyens coercitifs; la bienveillance seule, les conseils, l'affection donnée largement, doivent être les grands leviers pour impressionner l'âme de ces malheureux, victimes de leur origine.

C'est en présence de ces tristes constatations que l'État a voulu donner, non seulement à ces malheureux, mais à tous, ce qui leur fait défaut: l'éducation morale, l'instruction primaire et professionnelle.

Tout d'abord, s'inspirant des grandes idées philanthropiques traitées dans les différents congrès, l'Administration a voulu atténuer le régime des établissements de mineurs, en leur enlevant dans la mesure du possible le caractère pénitentiaire. C'est ainsi qu'obéissant à une idée généreuse et humanitaire elle a voulu éviter aux enfants acquittés la promiscuité dégradante du transport par les voitures cellulaires, et aujourd'hui, les garçons comme les filles sont conduits à leur destination par des agents en civil par les moyens ordinaires de locomotion.

Déjà, en 1894, le titre de surveillant avait été substitué à celui de gardien, et l'uniforme dont ces agents étaient revêtus avait été complètement transformé. Il n'a plus aujourd'hui aucune ressemblance avec celui des gardiens de prison. Les armes que portaient ces agents ont été supprimées.

Le recrutement des surveillants et des surveillants contremaîtres se fait avec un soin tout particulier; les candidats sont choisis parmi les anciens sous-officiers, parmi les jeunes gens qui offrent le plus de garantie morale, le plus d'intelligence et de connaissances professionnelles pour l'enseignement manuel, soit industriel, soit agricole.

Un stage de plusieurs mois leur est imposé, et si leur tempérament, leur caractère, leurs qualités, ne conviennent pas au rôle qu'ils ont à remplir dans la colonie, ils sont envoyés dans un autre établissement pénitentiaire (maison centrale ou prison départementale).

La mission des contremaîtres d'atelier est considérée comme très importante, puisque de leur enseignement dépend souvent l'avenir des apprentis-ouvriers qui leur sont confiés. Aussi a-t-il été fait une différence très appréciable en accordant à ces professionnels une indemnité annuelle spéciale allant jusqu'à 200 francs.

Dans la 1re série sont : les forgerons-taillandiers, charrons, ferblantiers, menuisiers, chaisiers, tourneurs en fer, cuivre ou bois, etc.

Dans la 2e série sont : les boulangers, tailleurs d'habits, jardiniers, laboureurs, etc.

Dans la 3e série sont : les bergers, vachers, bouviers, charretiers, etc., etc.

Une école élémentaire pour les surveillants est faite dans les colonies pendant les mois d'hiver. Outre les questions administratives et de comptabilité dont l'enseignement est prescrit par les règlements, il leur est fait des conférences sur leurs devoirs de surveillants et sur le rôle important qu'ils jouent dans l'éducation morale des pupilles. Pendant les récréations, pendant les promenades, pendant tous les exercices de la journée, ils doivent s'occuper, non seulement de la règle, mais donner des conseils, des avis, des réprimandes, causer avec les enfants, intervenir dans leurs jeux et se faire parfois juges de leurs différends.

En 1865, le nombre des instituteurs fut augmenté de 18 dans les colonies publiques de garçons.

En 1899, un emploi d'instituteur-chef a été créé dans chaque colonie de garçons, et une institutrice-chef à l'école de réforme de St-Hilaire, emploi similaire à celui de contrôleur, qui avait été supprimé en 1895. Mais ce nouveau titre qui lui donne autorité sur le personnel des instituteurs ne dispense pas le titulaire de faire lui-même la classe.

En créant ces postes d'instituteurs, l'État n'a pas eu seulement en vue de donner une plus grande impulsion à l'instruction primaire; la résolution suivante, prise en 1878, au congrès de Stockholm, est restée sa règle: « L'éducation donnée dans les colonies doit correspondre aux conditions dans lesquelles vivent les classes ouvrières. Donc, un enseignement scolaire au niveau des écoles élémentaires, la plus grande simplicité dans la nourriture, les vêtements, le logement et avant tout le travail. »

Aussi ces hommes spéciaux ont-ils été choisis pour s'occuper surtout de l'éducation des pupilles.

En dehors des heures de classe et de bureau, l'instituteur doit prendre contact avec les enfants dans presque tous les mouvements de la journée.

Si le surveillant doit intervenir auprès des élèves, à plus forte raison doit-il en être ainsi de l'instituteur dont le rôle est tout autre.

Celui-ci peut, sans craindre de perdre son autorité, causer, rire, jouer avec eux, les conseiller, les reprendre dans leur langage, dans leurs gestes, leur attitude. Il doit en un mot remplir le vrai rôle de père de famille et s'attacher les enfants par l'affection et les attentions bienveillantes. C'est du reste le seul moyen de réagir contre les instincts pervers dont ils sont animés et faire naître des sentiments altruistes qui n'existent pas chez eux.

L'instituteur doit connaître tous les élèves, les connaître individuellement, particulièrement, afin de pouvoir leur parler de leur famille, si elle est honnête, de leur pays, de leur vie en colonie, de leur avenir. Il doit pouvoir fournir au directeur une étude psychologique sur les enfants qu'il a à instruire et à moraliser.

Voilà l'idée qui a guidé l'État en donnant au directeur de colonie des instituteurs comme collaborateurs de l'éducation moralisatrice. Si elle est suivie et bien comprise, on peut prévoir et prétendre à des résultats satisfaisants, à des guérisons morales, nombreuses et durables. Au directeur, d'être le mentor de ces instituteurs, de les guider, de les conseiller et surtout de leur donner l'exemple. Pour cela il faut que ces employés vivent en communion d'idées avec leur chef et qu'ils assistent à la séance où la discipline est appliquée et la punition infligée. Ils y puiseront des leçons profitables et compléteront leurs études sur les sujets. Car être éducateur n'est pas un métier ni une fonction, c'est une grande mission morale et sociale.

Le nombre est encore élevé des pupilles qui profitent des bienfaits de cette éducation, et c'est lorsqu'ils ont quitté la maison que les constatations les plus consolantes pour les éducateurs sont faites.

Rendu à la vie libre, livré à lui-même, aux prises avec les difficultés et les luttes de la vie, l'enfant devenu homme se souvient; on en veut pour preuves :

La correspondance suivie qu'il entretient avec ses anciens maîtres et démontrant qu'il s'est établi entre eux et lui un lien d'affection, d'intérêt, d'estime, de reconnaissance, qui a pris racine pendant la correction;

Les visites des anciens pupilles, revêtus de l'uniforme de soldat, qui sont heureux de venir passer leurs permissions auprès de leurs anciens chefs, au milieu des anciens camarades pour lesquels ils sont un exemple;

Les lettres venant des colonies d'outre-mer et apportant le souvenir reconnaissant des anciens pupilles; cette impression intime d'un fait : « Si je meurs, je ne serai pas oublié, mon nom sera inscrit sur la plaque de marbre, et on priera pour moi le 2 novembre. »

Et ce grand garçon qui, ne sachant que faire de son argent à Madagascar, l'adresse au directeur pour être versé à la caisse du patronage ! ! !

Et les mêmes jeunes gens sans famille, envoyés en convalescence au retour d'une expédition lointaine, qui n'hésitent pas à venir demander asile à la colonie. Ils ne doutent pas que la porte ne leur soit ouverte toute grande et qu'ils ne trouvent affection, secours et soins matériels.

Dans toutes les circonstances de la vie, ils se souviennent du clocher qui a abrité leur jeunesse. Aussi, ils demandent assistance chaque fois qu'ils en ont besoin, pour un mariage, pour une mort, pour une naissance, sollicitant la faveur d'avoir leur ancien chef pour témoin, pour parrain, pour consolateur.

Ont-ils failli? Sont-ils de nouveau tombés? Ils écrivent pour demander pardon, pour solliciter aide et protection, pour ne pas tomber plus profondément dans le gouffre. Jamais leur demande n'est rejetée.

Consolantes aussi sont pour les maîtres les lettres reçues des familles honnêtes, les remerciant de leur avoir rendu des enfants transformés, méconnaissables au physique comme au moral.

Encourageants les témoignages rendus par les patrons sur la moralité, l'honnêteté et le travail des pupilles qui leur sont confiés! N'est-ce pas une satisfaction pour l'éducateur lorsqu'il voit rester autour de l'établissement un grand nombre de ses anciens pupilles qui ont trouvé une famille (honnête et laborieuse celle-là) dans celle de leurs patrons? Ils vont au régiment, reviennent dans le pays où ils se sont fait estimer et apprécier; se placent, se marient, font souche d'honnêtes gens, viennent alors, heureux et fiers, montrer à leur femme et à leurs enfants cette maison paternelle qui les a abrités si longtemps.

D'autres sans asile, sans parents, viennent au refuge.

A côté des résultats heureux, il faut avoir le courage de placer les résultats malheureux, les échecs. S'ils sont une peine pour l'éducateur, ils sont aussi pour lui un stimulant, une invitation d'avoir à faire mieux, à redoubler de zèle et de dévouement.

Pour ceux qui jugent les actes et les faits, qu'ils veuillent bien ne pas perdre de vue l'étendue et la difficulté de la tâche à remplir!

Résultats donnés par la statistique de la récidive pendant cinq ans, pour tous les pupilles libérés des colonies dans l'année 1895.

Colonies pour garçons	29,58	p. 100
Maisons pénitentiaires pour filles	19,33	—
Colonie correctionnelle : résultats pour les libérés en 1896	51,00	—

ANNEXE

LOI

SUR LA PROTECTION DES ENFANTS MALTRAITÉS OU MORALEMENT ABANDONNÉS

(24 juillet 1889)

Le Sénat et la Chambre des députés ont adopté,

Le Président de la République promulgue la loi dont la teneur suit:

TITRE PREMIER

Chapitre premier

De la déchéance de la puissance paternelle.

Article premier. — Les père et mère et ascendants sont déchus de plein droit, à l'égard de tous leurs enfants et descendants, de la puissance paternelle, ensemble de tous les droits qui s'y rattachent, notamment ceux énoncés aux articles 108, 141, 148, 150, 151, 346, 361, 372 à 387, 389, 390, 391, 397, 477 et 935 du Code civil, à l'article 3 du décret du 22 février 1851 et à l'article 46 de la loi du 27 juillet 1872:

1° S'ils sont condamnés par application du § 2 de l'article 334 du Code pénal;

2° S'ils sont condamnés soit comme auteurs, co-auteurs ou complices d'un crime commis sur la personne d'un ou plusieurs de leurs enfants, soit comme co-auteurs ou complices d'un crime commis par un ou plusieurs de leurs enfants;

3° S'ils sont condamnés deux fois comme auteurs, co-auteurs ou complices d'un délit commis sur la personne d'un ou plusieurs de leurs enfants;

4° S'ils sont condamnés deux fois pour excitation habituelle de mineurs à la débauche.

Cette déchéance laisse subsister entre les ascendants déchus et l'enfant les obligations énoncées aux articles 205, 206 et 207 du Code civil.

Art. 2. — Peuvent être déclarés déchus des mêmes droits:

1° Les père et mère condamnés aux travaux forcés à perpétuité ou à temps, ou à la réclusion, comme auteurs, co-auteurs ou complices d'un crime autre que ceux prévus par les articles 86 à 101 du Code pénal;

2° Les père et mère condamnés deux fois pour un des faits suivants: séquestration, suppression, exposition ou abandon d'enfants ou pour vagabondage;

3° Les père et mère condamnés par application de l'article 2, § 2, de la loi du 23 janvier 1873, ou des articles 1, 2 et 3 de la loi du 7 décembre 1874;

4° Les père et mère condamnés une première fois pour excitation habituelle de mineurs à la débauche;

5° Les père et mère dont les enfants ont été conduits dans une maison de correction, par application de l'article 66 du Code pénal;

6° En dehors de toute condamnation, les père et mère qui, par leur ivrognerie habituelle, leur inconduite notoire et scandaleuse ou par de mauvais traitements, compromettent soit la santé, soit la sécurité, soit la moralité de leurs enfants.

Art. 3. — L'action en déchéance est intentée devant la chambre du conseil du tribunal du domicile ou de la résidence du père ou de la mère, par un ou plusieurs parents du mineur au degré de cousin germain ou à un degré plus rapproché, ou par le ministère public.

Art. 4. — Le procureur de la République fait procéder à une enquête sommaire sur la situation de la famille du mineur et sur la moralité de ses parents connus, qui sont mis en demeure de présenter au tribunal les observations et oppositions qu'ils jugeront convenables.

Le ministère public ou la partie intéressée introduit l'action en déchéance par un mémoire présenté au président du tribunal, énonçant les faits et accompagné des pièces justificatives. Ce mémoire est notifié aux père et mère ou ascendants dont la déchéance est demandée.

Le président du tribunal commet un juge pour faire le rapport à jour indiqué.

Il est procédé dans les formes prescrites par les articles 892 et 893 du Code de procédure civile. Toutefois, la convocation du conseil de famille reste facultative pour le tribunal.

La chambre du conseil procède à l'examen de l'affaire sur le vu de la délibération du conseil de famille lorsqu'il a été convoqué, de l'avis du juge de paix du canton, après avoir appelé, s'il y a lieu, les parents ou autres personnes et entendu le ministère public dans ses réquisitions.

Le jugement est prononcé en audience publique. Il peut être déclaré exécutoire, nonobstant opposition ou appel.

Art. 5. — Pendant l'instance en déchéance, la chambre du conseil peut ordonner, relativement à la garde et à l'éducation des enfants, telles mesures provisoires qu'elle juge utiles.

Les jugements sur cet objet sont exécutoires par provision.

Art. 6. — Les jugements par défaut prononçant la déchéance de la puissance paternelle peuvent être attaqués, par la voie de l'opposition, dans le délai de huit jours à partir de la notification à la personne et dans le délai d'un an à partir de la notification à domicile. Si, sur l'opposition, il intervient un second jugement par défaut, ce jugement ne peut être attaqué que par la voie de l'appel.

Art. 7. — L'appel des jugements appartient aux parties et au ministère public, il doit être interjeté dans le délai de dix jours à compter du jugement s'il est contradictoire, et, s'il est rendu par défaut, du jour où l'opposition n'est plus recevable.

Art. 8. — Tout individu déchu de la puissance paternelle est incapable d'être tuteur, subrogé-tuteur, curateur ou membre du conseil de famille.

Art. 9. — Dans le cas de la déchéance de plein droit encourue par le père, le ministère public ou les parents désignés à l'article 3 saisissent sans délai la juridiction compétente, qui décide si, dans l'intérêt de l'enfant, la mère exercera les droits de la puissance paternelle tels qu'ils sont définis par le Code civil. Dans ce cas, il est procédé comme à l'article 4. Les articles 5, 6 et 7 sont également applicables.

Toutefois, lorsque les tribunaux répressifs prononceront les condamnations prévues aux articles 1er et 2, §§ 1, 2, 3 et 4, ils pourront statuer sur la déchéance de la puissance paternelle dans les conditions établies par la présente loi.

Dans le cas de déchéance facultative, le tribunal qui la prononce statue par le même jugement sur les droits de la mère à l'égard des enfants nés et à naître, sans préjudice, en ce qui concerne ces derniers, de toute mesure provisoire à demander à la chambre du conseil, dans les termes de l'article 5, pour la période du premier âge.

Si le père déchu de la puissance paternelle contracte un nouveau mariage, la nouvelle femme peut, en cas de survenance d'enfants, demander au tribunal l'attribution de la puissance paternelle sur ces enfants.

Chapitre II

De l'organisation de la tutelle en cas de déchéance de la puissance paternelle.

Art. 10. — Si la mère est prédécédée, si elle a été déclarée déchue, ou si l'exercice de la puissance paternelle ne lui est pas attribué, le tribunal décide si la tutelle sera constituée dans les termes du droit commun, sans qu'il y ait, toutefois, obligation pour la personne désignée d'accepter cette charge.

Les tuteurs institués en vertu de la présente loi remplissent leurs fonctions sans que leurs biens soient grevés de l'hypothèque légale du mineur.

Toutefois, au cas où le mineur possède ou est appelé à recueillir des biens, le tribunal peut ordonner qu'une hypothèque générale ou spéciale soit constituée jusqu'à concurrence d'une somme déterminée.

Art. 11. — Si la tutelle n'a pas été constituée conformément à l'article précédent, elle est exercée par l'Assistance publique, conformément aux lois des 15 pluviôse, an XIII, et 10 janvier 1849, ainsi qu'à l'article 24 de la présente loi. Les dépenses sont réglées conformément à la loi du 5 mai 1869.

L'Assistance publique peut, tout en gardant la tutelle, remettre les mineurs à d'autres établissements et même à des particuliers.

Art. 12. — Le tribunal, en prononçant sur la tutelle, fixe le montant de la pension qui devra être payée par les père et mère et ascendants auxquels des aliments peuvent être réclamés, ou déclare qu'à raison de l'indigence des parents il ne peut être exigé aucune pension.

Art. 13. — Pendant l'instance en déchéance, toute personne peut s'adresser au tribunal par voie de requête, afin d'obtenir que l'enfant lui soit confié.

Elle doit déclarer qu'elle se soumet aux obligations prévues par le § 2 de l'article 364 du Code civil, au titre de la tutelle officieuse.

Si le tribunal, après avoir recueilli tous les renseignements et pris, s'il y a lieu, l'avis du conseil de famille, accueille la demande, les dispositions des articles 365 et 370 du même Code sont applicables.

En cas de décès du tuteur officieux avant la majorité du pupille, le tribunal est appelé à statuer de nouveau, conformément aux articles 11 et 12 de la présente loi.

Lorsque l'enfant aura été placé par les administrations hospitalières ou par le directeur de l'Assistance publique de Paris chez un particulier, ce dernier peut, après trois ans, s'adresser au tribunal et demander que l'enfant lui demeure confié dans les conditions prévues aux dispositions qui précèdent.

Art. 14. — En cas de déchéance de la puissance paternelle, les droits du père et, à défaut du père, les droits de la mère, quant au consentement au mariage, à l'adoption, à la tutelle officieuse et à l'émancipation, sont exercés par les mêmes personnes que si le père et la mère étaient décédés, sauf les cas où il aura été décidé autrement en vertu de la présente loi.

Chapitre III

De la restitution de la puissance paternelle.

Art. 15. — Les père et mère frappés de déchéance dans les cas prévus par l'article 1er et par l'article 2, §§ 1 et 2, 3 et 4, ne peuvent être admis à se faire restituer la puissance paternelle qu'après avoir obtenu leur réhabilitation.

Dans les cas prévus aux §§ 5 et 6 de l'article 2, les père et mère frappés de la déchéance peuvent demander au tribunal que l'exercice de la puissance paternelle leur soit restitué. L'action ne peut être introduite que trois ans après le jour où le jugement qui a prononcé la déchéance est devenu irrévocable.

Art. 16. — La demande en restitution de la puissance paternelle est introduite sur simple requête et instruite conformément aux dispositions des §§ 2 et suivant de l'article 4. L'avis du conseil de famille est obligatoire.

La demande est notifiée au tuteur, qui peut présenter, dans l'intérêt de l'enfant, ou en son nom personnel, les observations ou oppositions qu'il aurait à faire contre la demande. Les dispositions des articles 5, 6 et 7 sont également applicables à ces demandes.

Le tribunal, en prononçant la restitution de la puissance paternelle, fixe, suivant les circonstances, l'indemnité due au tuteur, ou déclare qu'à raison de l'indigence des parents il ne sera alloué aucune indemnité.

La demande qui aura été rejetée ne pourra plus être réintroduite, si ce n'est par la mère, après la dissolution du mariage.

TITRE II

De la protection des mineurs placés avec ou sans l'intervention des parents.

Art. 17. — Lorsque des administrations d'assistance publique, des associations de bienfaisance régulièrement autorisées à cet effet, des particuliers jouissant de leurs droits civils, ont accepté la charge de mineurs de 16 ans que des pères, mères ou des tuteurs autorisés par le conseil de famille leur ont confiés, le tribunal du domicile de ces pères, mères ou tuteurs peut, à la requête des parties intéressées agissant conjointement, décider qu'il y a lieu, dans l'intérêt de l'enfant, de déléguer à l'Assistance publique les droits de puissance paternelle abandonnés par les parents et de remettre l'exercice de ces droits à l'établissement ou au particulier gardien de l'enfant.

Si des parents ayant conservé le droit de consentement au mariage d'un de leurs enfants refusent de consentir au mariage en vertu de l'article 148 du Code civil, l'Assistance publique peut les faire citer devant le tribunal, qui donne ou refuse le consentement, les parents entendus ou dûment appelés, dans la chambre du conseil.

Art. 18. — La requête est visée pour timbre et enregistrée gratis.

Après avoir appelé les parents ou tuteur, en présence des particuliers ou des représentants réguliers de l'Administration ou de l'établissement gardien de l'enfant, ainsi que du représentant de l'Assistance publique, le tribunal procède à l'examen de l'affaire en chambre du conseil, le ministère public entendu.

Le jugement est prononcé en séance publique.

Art. 19. — Lorsque des administrations d'assistance publique, des associations de bienfaisance régulièrement autorisées à cet effet, des particuliers jouissant de leurs droits civils, ont recueilli des enfants mineurs de 16 ans sans l'intervention des père et mère ou tuteur, une déclaration doit être faite dans les trois jours au maire de la commune sur le territoire de laquelle l'enfant a été recueilli, et à Paris, au commissaire de police, à peine d'une amende de 5 à 15 francs.

En cas de nouvelle infraction dans les douze mois, l'article 482 du Code pénal est applicable.

Est également applicable aux cas prévus par la présente loi le dernier paragraphe de l'article 463 du même Code.

Les maires et les commissaires de police doivent, dans le délai de quinzaine, transmettre ces déclarations au préfet, et, dans le département de la Seine, au préfet de police. Ces déclarations doivent être notifiées dans un nouveau délai de quinzaine aux parents de l'enfant.

Art. 20. — Si, dans les trois mois à dater de la déclaration, les père et mère ou tuteur n'ont point réclamé l'enfant, ceux qui l'ont recueilli peuvent adresser au président du tribunal de leur domicile une requête afin d'obtenir que, dans l'intérêt de l'enfant, l'exercice de tout ou partie des droits de la puissance paternelle leur soit confié.

Le tribunal procède à l'examen de l'affaire en chambre du conseil, le ministère public entendu. Dans le cas où il ne confère au requérant qu'une partie des droits de la puissance paternelle, il déclare, par le même jugement, que les autres, ainsi que la puissance paternelle, sont dévolus à l'Assistance publique.

Art. 21. — Dans les cas visés par l'article 17 et l'article 19, les père, mère ou tuteur qui veulent obtenir que l'enfant leur soit rendu s'adressent au tribunal de la résidence de l'enfant, par voie de requête visée pour timbre et enregistrée gratis.

Après avoir appelé celui auquel l'enfant a été confié et le représentant de l'Assistance publique, ainsi que toute personne qu'il juge utile, le tribunal procède à l'examen de l'affaire en chambre du conseil, le ministère public entendu.

Le jugement est prononcé en audience publique.

Si le tribunal juge qu'il n'y a pas lieu de rendre l'enfant aux père, mère ou tuteur, il peut, sur la réquisition du ministère public, prononcer la déchéance de la puissance paternelle ou maintenir à l'établissement ou au particulier gardien les droits qui lui ont été conférés en vertu des articles 17 ou 20. En cas de remise de l'enfant, il fixe l'indemnité due à celui qui en a eu la charge, ou déclare qu'à raison de l'indigence des parents il ne sera alloué aucune indemnité.

La demande qui a été rejetée ne peut plus être renouvelée que trois ans après le jour où la décision de rejet est devenue irrévocable.

Art. 22. — Les enfants confiés à des particuliers ou à des associations de bienfaisance, dans les conditions de la présente loi, sont sous la surveillance de l'État, représenté par le préfet du département.

Un règlement d'administration publique déterminera le mode de fonctionnement de cette surveillance, ainsi que de celle qui sera exercée par l'Assistance publique.

Les infractions au dit règlement seront punies d'une amende de vingt-cinq à mille francs.

En cas de récidive, la peine d'emprisonnement de huit jours à un mois pourra être prononcée.

Art. 23. — Le préfet du département de la résidence de l'enfant confié à un particulier ou à une association de bienfaisance, dans les conditions de la présente loi, peut toujours se pourvoir devant le tribunal civil de cette résidence afin d'obtenir, dans l'intérêt de l'enfant, que le particulier ou l'association soit dessaisi de tout droit sur ce dernier et qu'il soit confié à l'Assistance publique.

La requête du préfet est visée pour timbre et enregistrée gratis.

Le tribunal statue, les parents entendus ou dûment appelés.

La décision du tribunal peut être frappée d'appel, soit par le préfet, soit par l'association ou le particulier intéressé, soit par les parents.

L'appel n'est pas suspensif.

Les droits conférés au préfet par le présent article appartiennent également à l'Assistance publique.

Art. 24. — Les représentants de l'Assistance publique pour l'exécution de la présente loi sont les inspecteurs départementaux des Enfants assistés et, à Paris, le directeur de l'administration générale de l'Assistance publique.

Art. 25. — Dans les départements où le conseil général se sera engagé à assimiler, pour la dépense, les enfants faisant l'objet des deux titres de la présente loi aux enfants assistés, la subvention de l'État sera portée au cinquième des dépenses tant extérieures qu'intérieures des deux services, et le contingent des communes constituera pour celles-ci une dépense obligatoire, conformément à l'article 136 de la loi du 5 avril 1884.

Art. 26. — La présente loi est applicable à l'Algérie ainsi qu'aux colonies de la Guadeloupe, de la Martinique et de la Réunion.

La présente loi, délibérée et adoptée par le Sénat et par la Chambre des députés, sera exécutée comme loi de l'État.

LOI

SUR LA RÉPRESSION DES VIOLENCES, VOIES DE FAIT, ACTES DE CRUAUTÉ ET ATTENTATS COMMIS ENVERS LES ENFANTS

(19 avril 1898)

Le Sénat et la Chambre des députés ont adopté,

Le Président de la République promulgue la loi dont la teneur suit:

Article premier. — Les dispositions suivantes sont ajoutées à l'article 312 du Code pénal;

Quiconque aura volontairement fait des blessures ou porté des coups à un enfant au-dessous de l'âge de quinze ans accomplis, ou qui l'aura volontairement privé d'aliments ou de soins au point de compromettre sa santé sera puni d'un emprisonnement de un an à trois ans et d'une amende de seize à mille francs (16 à 1.000 fr.).

S'il est résulté des blessures, des coups ou de la privation d'aliments ou de soins une maladie ou incapacité de travail de plus de vingt jours, ou s'il y a eu préméditation ou guet-apens, la peine sera de deux à cinq ans d'emprisonnement et de seize à deux mille francs (16 à 2.000 fr.) d'amende et le coupable pourra être privé des droits mentionnés en l'article 42 du présent Code pendant cinq ans au moins et dix ans au plus à compter du jour où il aura subi sa peine.

Si les coupables sont les père et mère légitimes, naturels ou adoptifs, ou autres ascendants légitimes ou toutes autres personnes ayant autorité sur l'enfant ou ayant sa garde, les peines seront celles portées au paragraphe précédent, s'il n'y a eu ni maladie ou incapacité de travail de plus de vingt jours ni préméditation ou guet-apens, et celle de la réclusion dans le cas contraire.

Si les blessures, les coups ou la privation d'aliments ou de soins ont été suivis de mutilation, d'amputation ou de privation de l'usage d'un membre, de cécité, perte d'un œil ou autres infirmités permanentes, ou, s'ils ont occasionné la mort sans intention de la donner, la peine sera celle des travaux forcés à temps, et si les coupables sont les personnes désignées dans le paragraphe précédent, celle des travaux forcés à perpétuité.

Si des sévices ont été habituellement pratiqués avec intention de provoquer la mort, les auteurs seront punis comme coupables d'assassinat ou de tentative de ce crime.

Art. 2. — Les articles 349, 350, 351, 352 et 353 du Code pénal sont modifiés ainsi qu'il suit:

« Art. 349. — Ceux qui auront exposé ou fait exposer, délaissé ou fait délaisser, en un lieu solitaire, un enfant ou un incapable, hors d'état de se protéger eux-mêmes, à raison de leur état physique ou mental, seront, pour ce seul fait, condamnés à un emprisonnement de un an à trois ans et à une amende de seize à mille francs (16 à 1.000 fr.).

« Art. 350. — La peine portée au précédent article sera de deux à cinq ans et l'amende de cinquante à deux mille francs (50 à 2.000 fr.) contre les ascendants ou toutes autres personnes ayant autorité sur l'enfant ou l'incapable, ou en ayant la garde.

« Art. 351. — S'il est résulté de l'exposition ou du délaissement une maladie ou incapacité de plus de vingt jours, le maximum de la peine sera appliqué.

« Si l'enfant ou l'incapable est demeuré mutilé ou estropié, ou s'il est resté atteint d'une infirmité permanente, les coupables subiront la peine de la réclusion.

« Si les coupables sont les personnes mentionnées à l'article 350, la peine sera celle de la réclusion dans le cas prévu au § 1er du présent article, et celle des travaux forcés à temps au cas prévu par le § 2 ci-dessus du dit article.

« Lorsque l'exposition ou le délaissement dans un lieu solitaire aura occasionné la mort, l'action sera considérée comme meurtre.

« Art. 352. — Ceux qui auront exposé ou fait exposer, délaissé ou fait délaisser en un lieu solitaire un enfant ou un incapable hors d'état de se protéger eux-mêmes à raison de leur état physique ou mental, seront, pour ce seul fait, condamnés à un emprisonnement de trois mois à un an et à une amende de seize à mille francs (16 à 1.000 fr.).

« Si les coupables sont les personnes mentionnées à l'article 350, la peine sera de six mois à deux ans d'emprisonnement et de vingt-cinq à deux cents francs (25 à 200 fr.) d'amende.

« Art. 353. — S'il est résulté de l'exposition ou du délaissement une maladie ou incapacité de plus de vingt jours ou une des infirmités prévues par l'article 309, § 3, les coupables subiront un emprisonnement de un an à cinq ans et une amende de seize à deux mille francs (16 à 2.000 fr.).

« Si la mort a été occasionnée sans intention de la donner, la peine sera celle des travaux forcés à temps.

« Si les coupables sont les personnes mentionnées à l'article 350, la peine sera, dans le premier cas, celle de la réclusion et, dans le second, celle des travaux forcés à perpétuité. »

Art. 3. — L'article 2 de la loi du 7 décembre 1874 est modifié ainsi qu'il suit :

« Art. 2. — Les père, mère, tuteur ou patron et généralement toutes personnes ayant autorité sur un enfant ou en ayant la garde, qui auront livré, soit gratuitement, soit à prix d'argent, leurs enfants, pupilles ou apprentis âgés de moins de seize ans aux individus exerçant les professions ci-dessus spécifiées (1) ou qui les auront placés sous la conduite de vagabonds, de gens sans aveu ou faisant métier de la mendicité, seront punis des peines portées en l'article premier (2).

« La même peine sera applicable aux intermédiaires ou agents qui auront livré ou fait livrer les dits enfants et à quiconque aura déterminé des enfants âgés de moins de seize ans, à quitter le domicile de leurs parents ou tuteurs pour suivre des individus des professions susdésignées.

« La condamnation entraînera de plein droit, pour les tuteurs, la destitution de la tutelle. Les père et mère pourront être privés des droits de la puissance paternelle. »

Art. 4. — Dans tous les cas de délits ou de crimes commis par des enfants ou sur des enfants, le juge d'instruction commis pourra, en tout état de cause, ordonner, le ministère public entendu, que la garde de l'enfant soit provisoirement confiée, jusqu'à ce qu'il soit intervenu une décision définitive, à un parent, à une personne ou à une institution charitable qu'il désignera ou enfin à l'Assistance publique.

Toutefois, les parents de l'enfant jusqu'au cinquième degré inclusivement, son tuteur ou son subrogé-tuteur et le ministère public pourront former opposition à cette ordonnance; l'opposition sera portée, à bref délai, devant le tribunal, en chambre du conseil, par voie de simple requête.

Art. 5. — Dans les mêmes cas, les cours ou tribunaux saisis du crime ou du délit pourront, le ministère public entendu, statuer définitivement sur la garde de l'enfant.

Art. 6. — L'article 463 du Code pénal est applicable aux infractions prévues et réprimées par la présente loi.

Art. 7. — Sont et demeurent abrogées toutes les dispositions antérieures contraires à la présente loi.

La présente loi, délibérée et adoptée par le Sénat et par la Chambre des députés, sera exécutée comme loi de l'État.

Fait à Paris, le 19 avril 1898.

FÉLIX FAURE.

Par le Président de la République:

Le Garde des Sceaux,
Ministre de la Justice et des Cultes,
V. Milliard.

---

(1) Acrobates, saltimbanques, charlatans, montreurs d'animaux ou directeurs de cirques. (Art. premier de la loi du 7 décembre 1874).

(2) Six mois à deux ans d'emprisonnement et 16 à 2.000 francs d'amende.

CIRCULAIRE

RELATIVE AU TRANSFÈREMENT DES JEUNES DETENUS DANS LES ÉTABLISSEMENTS D'ÉDUCATION PÉNITENTIAIRE

(20 juin 1898)

Monsieur le Préfet, mon attention a été tout particulièrement appelée dans ces derniers temps sur les inconvénients, parfois même les dangers, que présente le transport par les voitures cellulaires des mineurs de 16 ans envoyés en correction par les tribunaux. Outre que ce mode de transfèrement peut entraîner par nécessités de service des retards plus ou moins prolongés à l'arrivée dans l'établissement d'éducation et, par suite, un séjour de trop longue durée dans les prisons départementales, il a paru qu'il ne convenait pas, sauf dans des cas tout à fait exceptionnels, d'employer pour des enfants acquittés comme ayant agi sans discernement et envoyés en correction afin d'être élevés et amendés, les mêmes moyens de transport qui sont en usage pour les condamnés adultes. On a pensé qu'il y avait là une assimilation contraire sinon au texte, du moins à l'esprit de la loi, et de nature à exercer une influence fâcheuse sur le moral des enfants ; qu'il y avait lieu, dès lors, de revenir au système suivi jusqu'au 1er mai 1869 (1) et encore pratiqué pour les jeunes filles, c'est-à-dire à la conduite directe de la maison d'arrêt à l'établissement d'éducation par les soins d'un agent ou d'une personne désignée à cet effet voyageant dans les conditions ordinaires.

L'œuvre d'éducation poursuivie dans les colonies et écoles de réforme est particulièrement délicate et difficile. Ceux qui en ont la charge ont trop souvent devant eux des natures perverties par le milieu dans lequel elles ont vécu, des enfants qui ignorent jusqu'aux notions les plus élémentaires de la morale. Il importe que, dès le premier jour, le pupille saisisse la différence profonde qui existe entre sa situation et celle d'un condamné, et qu'il sache qu'il ne lui sera pas assimilé. Il prendra conscience de cette différence dès le début si, au lieu d'être conduit dans des voitures cellulaires par les agents de ce service, il est emmené par un surveillant et s'il voyage dans les voitures ordinaires du train.

Grâce au bon vouloir du Parlement, qui a maintenu, afin d'améliorer ce service, les crédits affectés au transport des détenus, et à l'accueil favorable qui a été fait par les administrations de chemins de fer à la demande de concession du demi-tarif en 3e et en 2e classe qui leur a été faite, il est possible de réaliser le projet dont il s'agit.

J'ai donc décidé qu'à partir du 15 juillet prochain, les jeunes garçons envoyés

---

(1) Au sujet du transfèrement des jeunes détenus, voir les circulaires des 26 juin 1862, *Code des prisons*, t. IV, p. 116, et 20 mars 1869, *Code des prisons*, t. IV, p. 456.

en correction ne seraient plus transférés à leur destination par les voitures cellulaires et j'ai arrêté dans ce but les dispositions suivantes :

Dès que le jugement sera devenu définitif, le directeur de la circonscription pénitentiaire ou, à son défaut, le gardien-chef de la prison où le pupille sera enfermé me fera parvenir un bulletin dont le modèle est ci-joint et qui sera de couleur différente suivant la catégorie à laquelle l'enfant appartiendra. Les diverses indications que ce bulletin contiendra pourront être recueillies avant même que le jugement ne soit devenu définitif, afin que l'envoi de cette pièce ne subisse pas de retard. Seul, le certificat médical ne sera délivré qu'au dernier moment, à raison de la nature même des renseignements qu'il doit fournir.

Le chef de l'établissement dans lequel le pupille sera placé recevra alors directement de mon administration un ordre de transfèrement d'un modèle spécial et comportant les instructions nécessaires pour que le transfèrement s'effectue dans les conditions désirables de sécurité en même temps que d'économie. L'agent qui en sera chargé devra le plus ordinairement porter le costume civil, afin de ne pas divulguer la situation de l'enfant qu'il accompagnera. Ce n'est qu'en cas de transfèrement d'un certain nombre de pupilles ou si la nécessité en était absolument démontrée que cet agent serait autorisé à conserver son uniforme. L'ordre de transfèrement adressé au chef d'établissement fournira tous les renseignements utiles pour l'habillement complet ou partiel des enfants dont la tenue ne serait pas décente ou serait insuffisante. Les agents désignés pour conduire les pupilles devront être munis des effets nécessaires, qui seront choisis de telle sorte qu'ils ne puissent faire reconnaître les enfants.

Le voyage s'effectuera par le parcours le plus direct et le moins coûteux. Les enfants et les personnes chargées de les accompagner prendront place, soit dans les voitures de 3e classe avec les autres voyageurs quand il n'y aura qu'un ou deux enfants au plus, soit, lorsqu'ils seront plus nombreux, dans des compartiments fermés de 3e classe ou dans un compartiment de 2e classe si les voitures de 3e classe du train ne comportent pas de compartiment fermé.

« Les frais de transport seront avancés dans les établissements privés par les chefs d'établissement et réglés par mon administration sur bordereau détaillé inscrit au dos de l'ordre de transfèrement, qu'ils me renverront par votre entremise, en y joignant un double sur timbre de ce même bordereau. Cet état de frais ne devra pas se borner à donner une simple indication du chiffre total de la dépense afférente à chacun des pupilles transférés; il mentionnera tous les frais particuliers ou collectifs de voiture, de nourriture, de séjour, de salaire, d'escorte, auxquels aura donné lieu le parcours, dont il devra reproduire tous les faits ayant occasionné une dépense quelconque. On y joindra les pièces justificatives qui pourront être recueillies. Le double sur timbre de ce bordereau, visé par vous comme l'original, vous sera renvoyé par mon administration, avec la décision portant règlement, pour être produit à l'appui du mandat de payement. » (Circulaire du 20 décembre 1855.) (1)

---

(1) *Code des prisons*, t. II, p. 440.

Dans les établissements publics, l'avance sera faite par la caisse et le règlement de la dépense aura lieu sur la production d'états auxquels seront annexés les ordres de transfèrement, accompagnés chacun des pièces justificatives et indications diverses permettant d'en assurer la vérification, suivant les prescriptions ci-dessus.

Il n'est rien modifié en ce qui touche la formation et la transmission des pièces devant constituer les dossiers des pupilles transférés, et l'on continuera de suivre à cet égard les instructions antérieures, notamment celles des 25 novembre 1880 (1) et 20 septembre 1889 (2).

Je vous adresse, en nombre suffisant, des exemplaires de la présente circulaire et des modèles qui l'accompagnent, afin d'en assurer la notification à MM. les sous-préfets ainsi qu'aux directeurs des circonscriptions pénitentiaires et gardiens-chefs des prisons départementales.

Je fais également parvenir à ces derniers un certain nombre d'imprimés des bulletins de couleur, qui leur permettront d'exécuter dès le 15 juillet les présentes instructions en ce qui les concerne.

Le Ministre de l'Intérieur,
Louis Barthou.

---

(1) *Code des prisons*, t. VIII, p. 122.
(2) *Code des prisons*, t. XIII, p. 153.

MINISTÈRE
DE L'INTÉRIEUR
ET
DES CULTES

DIRECTION
DE L'ADMINISTRATION
PÉNITENTIAIRE

4e BUREAU

JEUNES DÉTENUS

Grâces et patronage.

Le présent ordre de transfèrement doit être mis à exécution sans aucun retard.

Paris, le 190 .

ORDRE DE TRANSFÈREMENT (1)

COLONIE
ÉCOLE DE RÉFORME
ÉCOLE DE PRÉSERVATION
MAISON D'ÉDUCATION PÉNITENTIAIRE
} d

M l Direct est invité à faire transférer dans cet établissement, par les soins d'un agent ou d'une personne de confiance, l N[e] âgé de ans, actuellement enfermé à la maison d'arrêt d

MM. les chefs de gare sont priés de vouloir bien, en conséquence de l'ordre ci-dessus, délivrer contre espèces à l'agent ou à la personne chargée du transfèrement ainsi qu' jeune un billet à demi-tarif (3e classe) pour leur transport en 3e ou, à défaut, en 2e classe (2).

LE PRÉSIDENT DU CONSEIL,
Ministre de l'Intérieur et des Cultes.
Par délégation :
Pour le Directeur de l'Administration pénitentiaire,
LE CHEF DU 4e BUREAU,

La personne chargée du transfèrement devra se munir des effets d'habillement ci-après désignés et nécessaires jeune détenu .

(1) Cet ordre doit être renvoyé au Ministère de l'Intérieur par l'intermédiaire de la préfecture du département dans lequel se trouve l'établissement par les soins duquel a eu lieu le transfèrement.

(2) Les administrations de chemins de fer ont accordé le bénéfice du transport à demi-tarif en 3e ou en 2e classe aux jeunes délinquants recueillis par l'Administration et transférés dans les établissements d'éducation pénitentiaire ainsi qu'aux agents chargés de les accompagner. Ces enfants et les agents en uniforme ou en tenue civile voyageront, soit dans les voitures de 3e classe avec les autres voyageurs, quand il n'y aura qu'un ou deux enfants au plus, soit, lorsqu'ils seront plus nombreux, dans des compartiments fermés de 3e classe, ou dans un compartiment de 2e classe si les voitures de 3e classe du train ne comportent pas de compartiment fermé. (*Lettre de M. le Ministre des Travaux publics du 14 mars 1898.*)

L Direct de
certifie que l N° qui f l'objet du présent ordre de transfèrement été extrait de la prison de
le

Il (ou) *elle arrivé dans cet établissement le*

ÉTAT DES FRAIS

auxquels a donné lieu le transfèrement d N°

DATES	OBJET DE LA DÉPENSE	fr.	c.
A , le 1 .	TOTAL		
L DIRECT ,			

Nota. — *Si des pupilles autres que ce dénommé ci-contre, sont remis à l'agent ou à la personne chargée du transfèrement, pendant son trajet, il y a lieu de les faire figurer au tableau ci-dessous, lequel est suivi du détail des frais auxquels a donné lieu leur transfèrement.*

NOMS ET PRÉNOMS	MAISONS D'ARRÊT DANS LESQUELLES ces pupilles étaient détenus.	AGE	DATE DE LA REMISE des enfants à l'agent.	DATE DE L'ARRIVÉE des pupilles dans l'établissement	OBSERVATIONS

DÉTAIL DES FRAIS

DATES	OBJET DE LA DÉPENSE	fr.	c.
	Report du total précédent...		

ARRÊTÉ

DESCRIPTION DE L'UNIFORME PROVISOIRE DES SURVEILLANTS DE COLONIES PUBLIQUES

(*19 novembre 1894*)

I. — Uniforme.

1° Surveillants. — Vareuse en drap gris fer foncé (23 ains) avec passepoil écarlate et étoiles brodées de même nuance ;

Premiers surveillants. — Vareuse idem, étoiles brodées en or, galons de brigadier en lézarde or sur le parement de la manche ;

Surveillant-chef. — Vareuse idem, galons d'adjudant en tresse or et soie rouge, en hongroise, sur la manche.

La durée de la vareuse a été fixée à deux ans.

2° Surveillants. — Pantalon en drap gris, passepoil écarlate ;

Premiers surveillants. — Pantalon idem ;

Surveillant-chef. — Pantalon idem, entre deux tresses en laine noire de 1 centimètre et demi de largeur.

La durée du pantalon en drap gris a été fixée à un an.

3° Surveillants. — Pantalon en treillis de fil de lin ou de chanvre ;

Premiers surveillants. — Pantalon idem ;

Surveillant-chef. — Pantalon idem.

La durée du pantalon de treillis a été fixée à deux ans.

4° Surveillants. — Casquette marine en drap gris fer foncé avec bandeau écarlate, étoile cuivre et jugulaire noire ;

Premiers surveillants. — Casquette idem et jugulaire à filets d'or ;

Surveillant-chef. — Casquette idem et jugulaire or avec deux coulants.

La durée de la casquette marine a été fixée à dix-huit mois.

5° Surveillants. — Collet-manteau (modèle des sapeurs-pompiers de Paris) en drap gris fer bleuté (19 ains), à collet mou et à capuchon ;

Premiers surveillants. — Collet-manteau idem, 10 centimètres lézarde or indiquant le grade ;

Surveillant-chef. — Collet-manteau idem, drap de 23 ains, avec 10 centimètres tresse or et soie rouge indiquant le grade.

La durée du collet-manteau est fixée à cinq ans.

II. — Vêtements de travail.

6° Surveillants. — Veston croisé boutonnant droit jusqu'au col, à la saxe, en coutil à quatre marches, avec boutons noirs en corozo ;

Premiers surveillants. — Veston idem, boutons en cuivre, galons brigadier en lézarde, sur le parement de la manche ;

Surveillant-chef. — Veston idem, boutons en cuivre, galon soie rouge et or en hongroise, sur le parement de la manche.

La durée du veston croisé a été fixée à neuf mois.

7° Surveillants. — Pantalon droit en coutil à quatre marches pouvant être mis l'hiver sur le pantalon de drap ;

Premiers surveillants. — Pantalon idem ;

Surveillant-chef. — Pantalon idem.

La durée du pantalon en coutil à quatre marches a été fixée à neuf mois.

8° Surveillants. — Jambières. Guêtres croûte à fermeture par une tige d'acier, avec boucle unique à mi-hauteur ;

Premiers surveillants. — Guêtres idem ;

Surveillant-chef. — Guêtres idem.

La durée des guêtres a été fixée à trois ans.

9° Surveillants. — Tricot de coton pour l'hiver ;

Premiers surveillants. —

Surveillant-chef. —

La durée du tricot de coton a été fixée à trois ans.

10° Surveillants. — Chapeau de paille pour l'été ;

Premiers surveillants. —

Surveillant-chef. —

La durée du chapeau de paille a été fixée à un an.

11° Surveillants ordinaires de 1re classe. — A vingt ans de services et au-dessous, un galon de laine rouge porté sur le parement de la manche. — Au-dessus de vingt ans de services, deux galons de laine rouge, idem.

MELUN. IMPRIMERIE ADMINISTRATIVE. — 1896.

www.ingramcontent.com/pod-product-compliance
Ingram Content Group UK Ltd.
Pitfield, Milton Keynes, MK11 3LW, UK
UKHW022114190726
13855UKWH00002B/851

9 782013 066358